2023年度上海高水平地方高校（上海海洋大学）建设专项资助

朱光潜美学译介活动研究
（1949—1966）

孔维恒 著

同济大学出版社
TONGJI UNIVERSITY PRESS
·上海·

图书在版编目(CIP)数据

朱光潜美学译介活动研究：1949—1966 / 孔维恒著
. —上海：同济大学出版社，2023.12
ISBN 978 - 7 - 5765 - 0988 - 5

Ⅰ. ①朱… Ⅱ. ①孔… Ⅲ. ①朱光潜(1897 - 1986)
—美学—思想评论 Ⅳ. ①B83

中国国家版本馆 CIP 数据核字(2023)第 234489 号

朱光潜美学译介活动研究(1949—1966)

孔维恒 著

出 品 人 金英伟 责任编辑 熊磊丽 夏涵容
责任校对 徐春莲 封面设计 张 微

出版发行 同济大学出版社 www.tongjipress.com.cn
(地址：上海市四平路 1239 号 邮编：200092 电话：021 - 65985622)
经　　销 全国各地新华书店、网络书店
排版制作 南京展望文化发展有限公司
印　　刷 苏州市古得堡数码印刷有限公司
开　　本 710 mm×1000 mm 1/16
印　　张 13
字　　数 260 000
版　　次 2023 年 12 月第 1 版
印　　次 2023 年 12 月第 1 次印刷
书　　号 ISBN 978 - 7 - 5765 - 0988 - 5

定　　价 58.00 元

目 录 | Contents

第 1 章

绪 论

1.1 翻译概念的界定

中西文学史、翻译史上，关于翻译的本质的讨论很多，比如两种语言文字之间的转换、信息的传达、艺术再创造，甚至创造性叛逆等；与此相应的是对于翻译的特点的描述，比如忠实、等效、“信、达、雅”等。应当说，这些定义和描述都具有相当的价值，然而都只是在特定的范围内才有效，比如宗教翻译、文学翻译、法律翻译、商业翻译等。在当下的翻译研究中，有一种类别的翻译，尽管与上述某些类别在范围上不乏交叉，本身也具有相当的重要性，然而却始终没有得到足够的关注——这就是学术翻译，即哲学的、人文社会科学的、理论性的翻译。究其原因，大概是翻译学科的学者感觉其内容过于抽象、过于专业化，而本学科的学者又较少从翻译的视角展开研究。这种情况下，关于学术翻译的本质和特点，也少有人展开深入的探讨。

彭发胜的博士论文《翻译与中国现代学术话语体系的形成——以科学观念与方法论为中心》不但以学术翻译为研究对象，而且从这方面对“翻译”概念进行了界定。他从汉语中“翻译”一词的词源学出发，将“译—驿—绎”，即“翻译—传播—诠释”三者结合起来，构建出翻译概念的语义谱系：“外来思想经过翻译之后，通过研究者的传播，最终需要结合本土的话语资源，以创造性的诠释确立其合法性地位。”① 他还指出，“翻译—传播—诠释”三个方面可以在实际的学术活动中单独、部分或全部实现，形成七种不同的组合（翻译、传播、诠释、翻译—传播、翻译—诠释、传播—诠释、翻译—传播—诠释）。相同组合中又可以有不同的侧重点，正是这些组合方式和侧重点的不同，产生了多样化的学术活动②。

基于对翻译本质的认识以及相似的研究对象，本书基本沿用彭发胜对于翻译概念的重新界定，即翻译、传播和诠释，同时进行一定的调整和补充。首先，因为本书主要讨论由外而内的翻译，因此用“引进”一词替换“传播”；其次，用“译介”一词来指代这种拓展了的、广义的翻译行为；最后，利用当下翻译学研究中的证据，来解释和论证这一新的定义，同时阐述这三个方面分别具有的特点。

之所以采用“译介”而非“翻译”一词，乃是出于以下两种原因。其一，“译介”一词从字面上看，包括了“译”和“介”两个层面，也就是上述三方面中的“翻译”和“引进”两方面，在现有中文词汇中，这是与广义的“翻译”在含义上较为接近的一个词语。其二，在当下国内的其他学科，如美学、哲学、比较文学学科中，相对于“翻译”而言，“译介”一词的含义更广泛、使用也更普遍（比如谢天振的《译介学》一书③主要使用该词，尽管该词在本书中的含义、特点，与在该书中并不完全等同）。本书一方面努力借鉴这些学科的方法和成果来展开翻译研究，另一方面也希望能为这些学科的研究提供一个新的视角一些材料，因而采用了一个彼此都能认可的词汇，方便学科之间的对话。

---

① 彭发胜.翻译与现代中国学术话语体系的形成——以科学观念与方法论为中心［D].北京：北京大学外国语学院，2008：4.

② 同上，第 5 页。

③ 谢天振.译介学［M].上海：上海外语教育出版社，1999.

"翻译—引进—诠释"三方面中，最常见的方面是狭义的翻译。在传统翻译研究中，这一概念仅仅表示包括编选、增加、删减、修改等行为在内的翻译过程，以及由此而来的以全译、节译和编译等形式出现的译文。然而最近十年来，翻译"副文本"的概念得到越来越多的重视。"副文本"（paratext）的概念是由法国学者热奈特（Gérald Genette）提出来的，原本包括"伴随文本"（peritext）和"非伴随文本"（epitext）两种①，但学界一般只关注前一种，即"那些在文本和读者之间起到协调作用的语言或非语言文本材料，如标题、作者名字（包括笔名）、文本类属标记、封面设计、丛书标题（series titles）、书脊（spine）、前言、序、跋、铭文、题词、注释、献词、插图、后记、内容提要、评论、附录、广告等，这些材料一般随同文本正文一起面世"②。就翻译研究而言，副文本一般指译者围绕译文正文所撰写的前言、后记、译后记、注释、按语等。对于一般读者而言，他们可以通过这类副文本，了解有关原作者、原文和原文创作的背景知识，并在译者的引导下进行阅读、理解；就翻译研究者而言，他们则可以借此了解译者从事翻译的个人动机，翻译过程中的主张、策略和思想，翻译背后的意识形态、诗学，乃至赞助人因素，翻译所处时代的文化、政治、社会背景等。

将译文本正文和副文本两者加起来，在很大程度上就等同于最近翻译研究中颇受关注的另一个概念——"厚译"（thick translation），或称"深度翻译"。这一概念最初由非裔美国学者奎迈·安东尼·阿皮亚（Kwame Anthony Appiah）提出，并得到西奥·赫曼斯（Theo Hermans）等人的赞同③。其主要观点是，文学翻译应通过增加注释

① GENETTE G. Translated by Marie Maclean. Introduction to the Paratext [J]. New Literary History, 1991, 22 (2): 261-272.

② 石永浩.试论副文本对翻译和翻译研究的意义 [C].第18届世界翻译大会，北京：中国翻译协会，2008.

③ HERMANS T. Cross-cultural Translation Studies as Thick Translation [J]. Bulletin of the School of Oriental and African Studies, 2003, 66 (3): 380-389.

和评注，将译文置于丰富的语言和文化语境之中[①]。也就是说，译本应“包含大量的脚注、译注、说明等阐释性文本材料，其目的在于为读者提供背景知识信息，从而引起译文读者对源语文化的关注和兴趣，以便收到更佳的鉴赏效果”。[②]

第二个方面是引进，也可以称为借鉴或输入。译介活动的跨文化运动的性质是显而易见的，这从英语的“translate”和“interpret”两词的前缀“trans-”和“inter-”中也不难看出。彭发胜将汉语中“译”字的词源与表示传达、递送的“驿”字联系起来[③]，也可以作为一个证据。以色列学者埃文-佐哈（Itamar Evan-Zohar）提出了“多元系统论”（polysystem theory），指出当一国文学正处于发展的初期，或相对其他文学处于边缘或弱势地位，或处于转折、危机或真空时期之时，翻译文学就会特别繁荣，参与文学多元系统的建构，并在其中占据中心的位置[④]。刘禾则考察了西方语言、文化中的一些概念，如“国民性”“个人主义”等，是如何通过翻译或她所称的“跨语际实践”（translingual practice）的途径，在中国语言、文化中被建构起来，乃至于产生了巨大的影响的[⑤]。谢天振提出的“译介学”也是从比较文学中的媒介学和比较文化的角度出发，关注“翻译（主要是文学翻译）作为人类一种跨文化交流的实践活动所具有的独特价值和意义”，比如“原文在这种外语和本族语转换过程中信息的失落、变形、增添、扩伸等问题”[⑥]。

---

① APPIAH K. Thick Translation［A］. Lawrence Venuti ed. The Translation Studies Reader［C］. London & New York：Routledge，2004：427.

② 周方珠.厚翻译述评［J］.宿州学院学报，2011（1）：44.

③ 彭发胜.翻译与现代中国学术话语体系的形成——以科学观念与方法论为中心［D］.北京：北京大学外国语学院，2008：5.

④ 埃文-佐哈．翻译文学在文学多元系统中的位置［M］//尹星，译.大卫・达姆罗什，陈永国，尹星.新方向：比较文学与世界文学读本.北京：北京大学出版社，2010：172—173.

⑤ 刘禾．跨语际实践——文学、民族文化与被译介的现代性（中国，1900—1937）［M］.宋伟杰，等，译.北京：读书・生活・新知三联书店，2002.

⑥ 谢天振.译介学［M］.上海：上海外语教育出版社，1999：1.

如果说“翻译—引进—诠释”三方面中，“翻译”强调的是转换过程中的忠实和等效之类原则，那么“引进”强调的则是以下方面：首先，译入语文化系统必须对外来文化有所需求，这是一个前提条件；其次，学术译介特别强调时间性，越早、越及时，则价值越高；最后，学术译介应在译入语文化中产生一定的影响。

最后是诠释，或称解释、阐释。英语语言中的“translate”和“interpret”两词本来就有诠释的意思，而彭发胜指出，汉语中的“译”字与表示梳理、解释的“绎”字也有着相似的词根①。德国哲学家施莱尔马赫（Friedrich Schleiermacher）最早运用阐释学来分析翻译的过程以及翻译与理解的关系，他认为真正的理解是对语篇做出“创造性的重新阐释”，而一个真正的译者的任务，则是缩短原作者和译语读者在理解上的距离②。英国学者斯坦纳（George Steiner）在此基础上，提出了“理解即翻译”的观点：“每当我们在读或听一段过去的话，无论是《圣经》里的‘列维传’，还是去年出版的畅销书，我们都是在进行翻译。读者、演员、编辑都是过去的语言的翻译者。”③ 他进而指出，翻译体现为一个四重的阐释过程（hermeneutic motion），即信任（trust）、进攻（aggression，penetration）、吸收（incorporation）和补偿（restitution）④。中国学者杨武能更将文学翻译的本质归结为阐释，认为“文学翻译即阐释，一种特殊意义的阐释，一种深邃、直观、全面、主动和处于变化发展中的阐释，……（阐释）能更具体地表达、更深入地揭示和更全面地涵

---

① 彭发胜.翻译与现代中国学术话语体系的形成——以科学观念与方法论为中心［D］.北京：北京大学外国语学院，2008：4.

② 陈德鸿，张南峰.西方翻译理论精选［C］.香港：香港城市大学出版社，2000：19－28.

③ 斯坦纳. 通天塔——文学翻译理论研究［M］.庄绎传，编译.北京：中国对外翻译出版公司，1987：22.

④ 同上，第69－70页。

盖文学翻译这一复杂心智活动的实质意义”①。如果说文学翻译已经是阐释，那么美学（和哲学）理论型、学术型的翻译就更是如此了。

在“翻译—引进—诠释”三方面中，“诠释”也具有与前两者不同的特点。首先，倘要使一种诠释引起关注，诠释者必须具备独立的、与众不同的视角、态度或观点；其次，要想使一种诠释能经得住时间的考验，则本身必须具备相当的深度和广度；最后，“诠释”往往也是这三方面中，最直接、最深入地受译介语境中的政治、诗学、意识形态、赞助人等因素影响的一个方面。

1.2 译介与中国当代美学（1949—1966）

从严格的学术标准来看的话，作为一个独立学科的美学（有别于文艺理论和批评），在 1949 年前后的中国根本不存在。高校里并不开设这门专业，专门的教师和研究人员寥寥无几，理论资料更是极为缺乏。即便有少数相关研究（比如朱光潜的著译活动），用新的政治和意识形态标准来看，也大都是不合格的。然而到 1966 年时，美学作为一个专业已经建立起来，拥有了一批研究人员、教师和学生，出版了一批相关著作和译作，还展开过长达六年（1956—1962）的美学讨论，就美的本质问题形成了三种不同的美学派别。

这一改变是如何实现的呢？原因有很多，但有一类工作却是基础性的、不可或缺的，即对于以下三种主要的理论资源的译介——马克思主义经典著作中关于美学的论述、苏联美学理论，以及西方美学史。接下来我们便按照“翻译—引进—诠释”三个方面，对这些译介活动进行归类，将其分别归为七种形式中的某一种，并指出

① 杨武能.三叶集——德语文学 · 文学翻译 · 比较文学［M］.成都：巴蜀书社，2005：304－305.

其侧重点。

马克思主义经典著作中关于美学的论述主要有三种：综述马克思主义基本原理的著作，经典作家论文艺、美学的言论选辑，以及马克思的《1844年经济学哲学手稿》（以下简称《手稿》）。

就前两种而言，“翻译—引进—诠释”三方面都有体现，且以诠释为其侧重点。“翻译”和“引进”两方面自不待言：作为从西方的社会、文化、历史土壤中成长起来的理论、思潮，马克思主义及其中的文艺、美学理论，在20世纪的中国经历了从无到有，再到成为国家意识形态的过程；这一过程的实现，离不开理论家对其的翻译和宣传，尤其是中共中央马克思恩格斯列宁斯大林著作编译局，以及马克思主义文艺、美学理论翻译家（如曹葆华、程代熙、陆梅林等人）的努力。之所以说“诠释”方面最重要，是因为即便这两种著作都已翻译过来，如何根据这些抽象的哲学原理和零散的言论，建构出一套结构严密、内容丰富的马克思主义美学体系和理论，并以此解决一些现实的美学问题，则更多侧重于诠释的问题。这一工作在视角、立场的选择，结论的推导等多种方面，相较具体的翻译工作，都存在着更多的可能性和更大的差异性。

将马克思的《手稿》一书与前两种著作区分开来，原因乃是相比于其他经典著作，该书在哲学思想上较为独特，同时具有丰富的美学论述，在学界的接受——包括“翻译—引进—诠释”三方面——与其他著作也大不相同。

苏联美学著作的译介可以分为两个时期，以1963年为界。在1963年以前，“翻译”和“引进”两方面都很显著，其中又以后者更为突出。

相对于马克思主义经典原著，苏联美学著作体系完备、简单明了，在实际应用中针对性强，引进和普及起来比较容易，因此“翻译需要”① 极大。同时期与美学有关的译刊、译著和译丛中，苏联学者撰写的美学原理、美学史著作和教材，在数量上大大超过了其他种类的译著。就内容而言，这些译著可以分为两种：一种是 20 世纪三四十年代以来的正统马克思主义美学，另一种是 50 年代中期之后，尤其是在苏联美学讨论（1956—1964）中涌现出来的新的美学理论（如“新审美学派”“社会派”美学）。如果说前一种呼应了中国当时的机械唯物主义美学（以蔡仪为代表），那么后一种则给予中国美学讨论中的另外两派（以李泽厚和朱光潜为代表）积极的影响。引进的途径，主要是通过一般意义上的“翻译”，但也还有另一种方式：中国美学讨论的参加者（比如朱光潜），在其本人的美学论文中，以引文、转述、概括、注释的方式，穿插引入苏联美学家和苏联美学讨论中最新的资料、观点、概念、方法论乃至议题，来形成和论证自己的美学理论和体系，并将这些外部资源介绍给中国美学家进行讨论。

1963 年之后，中苏关系大不如前，苏联美学对中国美学的作用影响也大大降低。

这一时期对于西方美学的译介，主要表现为两种方式，一种对西方古典美学原著的翻译，另一种方式是对西方美学家、流派、理论的评论以及西方美学史的撰写。

前一种方式中的“引进”方面，更加值得研究。从事这类著作的翻译本身，就已表明了译介者对于马克思主义美学与西方美学史关系的观点：马克思主义美学不是凭空产生的，而是在西方美学史的传统中生成的，在输入这前一方面的同时，也要将这后一方面也输入进来，并展开对比研究，才能更好地理解这前一方面；初生的马克思主义美学，在理论资源上还非常薄弱，因此应当充分利用西方

---

① “翻译需要”这一概念和研究范式由王友贵先生提出，见：王友贵.20 世纪下半叶中国翻译文学史：1949—1977［M］.北京：人民出版社，2015：25－33.

美学史的遗产，进行补充和发展。

后一种方式包括“引进”和“诠释”两方面，且侧重后一方面。无论是对美学理论的评论还是美学史的撰写，其本质都是采用马克思主义的基本原理和美学观点，对西方美学遗产进行整理、评估，确定哪些是有用的、可以借鉴的，哪些则是没有用的、必须抛弃的。其中的关键步骤——确定什么才是真正的马克思主义的基本原理，又应该如何将其运用于美学研究中——其实就是我们上面讨论过的、另一个“诠释”的问题。

1.3 朱光潜研究现状与本书研究目的

在20世纪中国的美学史上，朱光潜是一个无法绕开的人物。从20年代初开始，到80年代中期结束，他的美学研究、翻译和教学活动超过了60年，其创作、翻译的大量著作构成了20世纪中国美学研究的重要资源。

首先，他本人就是一名美学家，拥有自己独立的美学理论。1949年前，他利用文艺心理学的观点，对中国传统美学与诗学做了初步的梳理和总结，撰写了《诗论》《谈文学》等著作。1949年后，他又参与了长达六年的美学讨论，提出了自己的马克思主义实践美学理论，撰写了《美学批判论文集》《美学拾穗集》《谈美书简》等著作。

其次，他是20世纪中国对于西方近代美学和美学史最重要的译介者。1949年前，他介绍了西方近代以克罗齐、费肖尔、里普斯等人为代表的心理学美学，撰写了《变态心理学派别》《文艺心理学》《谈美》《变态心理学》《克罗齐哲学述评》等书，翻译了克罗齐的《美学原理》一书。1949年后，他翻译了柏拉图的《文艺对话录》，黑格尔的三卷四本《美学》，莱辛的《拉奥孔》《歌德谈话录》，维柯的《新科学》，编译了《西方美学史资料汇编》《从文艺复兴到十九世纪资产阶级文学家艺术家有关人道主义人性论言论选辑》等书，撰写了中国第一本《西方美学史》，介绍了西方美学史上的重要人物、流派和理论，并用马克思主义的观点进行了评价。

再次，他还是新中国对于马克思主义美学的重要译介者。从 20 世纪 50 年代到 80 年代，他翻译了美国学者哈拉普的《艺术的社会根源》一书，引进了 50 年代中后期苏联美学家和苏联美学讨论中的部分理论，并阐释了青年马克思的《手稿》一书中的美学思想。

最后，他也是 20 世纪中国美学领域最重要的教育家，从 30 年代到 80 年代，一直在北京大学等著名高校担任文艺理论、美学的教学工作，培养了不少这方面的学生。

当下中国学界关于朱光潜美学思想、著作的研究，论质论量，都是相当可观的。这些文献可以大致分为以下几个方面。

关于朱光潜本人的著述整理，20 世纪八九十年代便发行了二十卷的《朱光潜全集》。2010 年至今，学者宛小平又主持出版了三十卷的新《朱光潜全集》，增补的内容中，比较重要的有《从文艺复兴到十九世纪资产阶级文学家艺术家有关人道主义人性论言论选辑》一书，以及朱光潜在 20 世纪 60 年代下半期写的一些个人材料等。

就他人撰写的回忆性文章而言，《朱光潜纪念集》一书，朱光潜的同事、朋友、学生如吴泰昌、夏珉、陈兆福、常风、阎国忠等人所撰写的一些回忆文章，李世涛为研究中国当代美学史而对五六十年代的美学学者如刘宁、李醒尘、杨辛、侯敏泽、马奇、胡经之进行的采访，都提供了不少有用的信息。

既是详细的生平传记，也是深入的美学评论的，当属钱念孙的《朱光潜——出世的精神与入世的事业》和王攸欣的《朱光潜学术思想评传》两书。前者对朱光潜的不同阶段的美学思想以及彼此间的关联，美学思想与政治、意识形态之间的关系，以及朱光潜的翻译方法和翻译思想，做了深刻的梳理和评论；后者则详细讨论了朱光潜学术思想的中西文化渊源，以及美学研究的主要成就——文艺心理学、戏剧论、诗论和西方美学史论。对朱光潜的全部或某一阶段的美学著作和思想进行评述的，还有阎国忠的《朱光潜美学思想研究》和《朱光潜美学思想及其理论体系》，王攸欣的《选择·接受与疏离——王国维接受叔本华、朱光潜接受克罗齐美学比较研究》，劳承万的《朱光潜美学论纲》等书。

夏中义的《朱光潜美学十辩》一书，与上述著作都有所不同。他并不追求对朱光潜的美学思想作整体的考察，而是从文化研究、比较文学的角度，从知识分子的身份认同、历史研究的方法、学术与政治的关系等方面，探讨朱光潜在民国时期的人格角色变奏，《西方美学史》“洋为中用”的实用史观，朱光潜美学与日丹诺夫的关系等问题。

上述从著作整理、回忆文章、生平传记、美学评论、思想研究等角度对朱光潜进行的研究，的确已经取得了相当的成绩。但笔者认为仍有不足，主要体现在以下四个方面。

首先，对于朱光潜新中国成立后美学思想的研究，相比对其新中国成立前美学思想的研究，在理论深度上有一定的差距。主要原因当然是研究对象本身的问题：朱光潜两个时期的美学思想，在水准上存在较大差距①。然而研究者自身的方法也不乏问题：对于朱光潜在新中国成立后的美学活动，他们更多关注其在美学讨论中提出的理论以及与其他美学家展开的辩论，而较少关注他此期美学研究的主要形式——理论译介活动，自然也就忽略了这种活动在他思想转

① 朱光潜新中国成立前的美学思想，是在中国传统的哲学、文艺理论，与西方现代美学、哲学、心理学理论的交汇中产生出来的，因此具有相当的广度和深度，研究者也较容易出成果；相比之下，他于20世纪五六十年代建立的美学理论，是在批判自己先前的唯心主义美学，以及与机械唯物主义、教条主义美学进行辩论的过程中，从无到有地形成的，起点本来就低，理论资源也薄弱。

变过程中的作用。

其次，即便有少数学者论及这种作用，也往往只是局限于他对少数西方古典美学家如黑格尔、席勒和维柯的译介上，而较少注意到他对同期苏联美学家和苏联美学讨论中的观点、西方马克思主义美学观点的译介，尤其是这类译介活动在他建构自己的实践美学理论过程中的作用。

再次，朱光潜对西方美学史的译介，对于新中国美学学科建设的贡献，虽然得到学界的一致认可，但却少有人就其历史研究方式进行专门的研究——比如资料的整理、翻译作为美学史编写的主要方式，对西方美学史流派的选择、评价标准，对美学史遗产的批判与继承态度等。

最后，对朱光潜新中国成立后的美学理论建构和译介活动，学者大都只看到它在美学研究上的意义，而看不到它在意识形态上——尤其是在 1949—1966 年这一时期中国特殊的语境中——的意义。对于他在当代中国人道主义思潮中的贡献，学界大都只是关注他在“文化大革命”之后的论述，而没有注意到他在 20 世纪 50 至 60 年代中期这段时期，通过译介活动而表达出来的人道主义思想。

因此，本书旨在通过考察朱光潜在 1949 年到 1966 年间的美学译介活动，探讨他在这一期间如何通过翻译、引进和诠释外部美学资源，来厘理自己新中国成立前的美学思想，帮助建设新中国的美学学科，建立起自己新的实践美学理论，以及建构一种人道主义的马克思主义美学。

第 2 章

译介作为思想改造的方式

2.1 思想改造的背景[①]

依据法国学者布尔迪厄以场域（field）、资本（capital）和习性（habitus）[②] 三个概念为基础的社会学理论，我们可以对 1949 年后的一段时间朱光潜的处境作一番考察。就朱光潜的资本而言，又可以分别从政治、教育、文艺和美学四方面来论述。在政治上，他在 1949 年前曾加入三青团、国民党，担任了中央监察委员等重要职务，尽管只是虚职，但足以表明他所具备的政治地位。在教育上，他长期担任北京大学、四川大学、武汉大学等校教授，与国内众多著名学者交往密切，并一度担任过文学院长、教务长等行政职位。在文艺上，他与当时国内多位作家、评论家合作，两次主编《文学杂志》，帮助重振了文学团体“京派”的力量。在美学上，通过一系列美学、文艺心理学著作的撰写和译介，他成为中国在这一领域的先驱，也是该期成就最大的学者。

中华人民共和国成立前夕，朱光潜尽管心存犹豫，但也不乏期

---

① 这一节（2.1）多处参考钱念孙先生一书第八章，特此致谢。见：钱念孙.朱光潜——出世的精神与入世的事业［M］.北京：文津出版社，2005：158－177.

② BOURDIEU P. The Field of Cultural Production：Essays on Art and Literature［M］. New York：Columbia University Press，1993.

望，“不管什么党派，总要办教育，总要有学问而安心教育的学者”，“无论时局如何变化，研究学问而不染上政治色彩，总没有关系”①。即便如此，在北平解放后的一段时间里，他还是“终日以评注老子的《道德经》来填补‘恍恍惚惚，犹豫不定’的心理真空”②。

1949 年后，面对特殊时期的各方面压力，朱光潜不乏消极的情绪，比如在 1954 年 1 月发表的《我也在总路线的总计划里面》，他检讨曾感到“自己在新社会中起不了很大的作用”，“还有些‘自外’，没有树立起‘当家作主的’勇气”，“心里日渐形成很深的罪孽感觉，抬不起头，当然也就张不开口来”③。于是，他开始主动学习马列、毛等人著作，用共产党的眼光来检讨自己过去的毛病，揭示出其根源是受到的错误教育。由此他认为，借助自己性格中“勤奋、虚心、遇事不悲观”的优点，通过新的学习，可以“在新社会中不至成为一个完全无用的人”④。与此同时，他参加了一些社会考察，比如到农村参观土地改革，随后发表的观后感，受到了各方面的肯定。

在自我检讨、社会实践活动之外，他主动学习马克思主义一般原理和文艺理论，并以此来评判自己先前的思想、著作，指导当前的学术研究。在其 1956 年的名文《我的文艺思想的反动性》中，朱光潜写道，“不立固然不能破，不破也就不能立，立与破是要同时进行的”⑤。“破”“立”两方面本来是紧密相关，并不能截然分开，在朱光潜的著作中，也往往“破”中有“立”，“立”中有“破”。但为了论述的方便，我们大致可以将朱光潜思想改造中的这两方面作一个划分：“破”是指就其先前的唯心主义哲学、美学、文艺思想，这些思想在西方哲学史、美学史上的理论来源，以及这些外部理论的译介行为

---

① 钱念孙. 朱光潜——出世的精神与入世的事业［M］.北京：文津出版社，2005：164.
② 同上。
③ 朱光潜.朱光潜全集（第十卷）［M］.合肥：安徽教育出版社，1993：36.
④ 朱光潜.朱光潜全集（第九卷）［M］.合肥：安徽教育出版社，1993：538.
⑤ 朱光潜.朱光潜全集（第五卷）［M］.合肥：安徽教育出版社，1989：11.

等方面，接受别人的批判，并进行自我批判；“立”是指学习马列主义理论，包括学习俄语、德语以及马克思主义经典作家的著作，作为马克思、恩格斯哲学、美学思想主要来源的德国古典哲学、美学，西方马克思主义文艺、美学著作，以及苏联当代的文艺、美学著作（这一点放到第4章讨论）。无论哪一种方式，对外部资源的评论、译介，都是朱光潜改造自己的重要手段。我们先从“破”说起。

2.2　接受批判和自我批判

中华人民共和国成立前夕，左翼文艺阵营对朱光潜美学思想及译介活动的批判文章中，较为典型，也较有学术性的，当属蔡仪写于1948年的《朱光潜论》。蔡仪认为，朱光潜对西方美学、文艺理论和作品的译介（当然也包括对中国古典文学、理论的研究），目的主要是宣传封建士大夫的社会意识和文艺理论：

> “在美学上，文艺理论上，朱光潜引用了西洋的种种学说，如形象直觉呀，移情作用呀，什么的什么呀，而真正要解说的其实是朱光潜自己的理论，特别是论文学作品时表现很明白，那就是中国封建士大夫的旧的理论，超脱啦，豁达啦，趣味啦，距离啦……他一方面反对以文艺为宣传工具，另一方面倒是以文艺及其文艺理论为封建士大夫意识的宣传工具。”①

而实现这种目的的手段，则往往是通过“无意的误解，或竟有意的歪曲”②：

---

① 蔡仪.蔡仪文集（第二卷）［M］.北京：中国文联出版社，2002：136.
② 同上，第141页。

“《文艺心理学》中所列论的关于美感经验的种种学说，也很显然是被朱光潜拿来装点他自己的理论的。……在各章的叙述中，无论是形象的直觉说也好，心理的距离说也好，乃至移情作用及内模仿说也好，朱光潜对于这些学说的倡导者——克罗齐、立普斯等人的思想，既没有忠实地尽介绍之责，而且也把自己也莫名其妙的谬论也拉杂地掺入其中，以致读者在看《文艺心理学》时，简直无法知道哪是克罗齐、立普斯等人的意见，哪是朱光潜自己的意见；哪是他所承认的意见，哪是他否认的意见。而他自己也是一方面承认，一方面否认；在这里承认，在那里否认。”①

客观说来，蔡仪这番评论的主要观点基本上是准确的。正如意大利学者沙巴蒂尼所言，“（朱光潜）企图移西方美学之花接中国文艺思想传统（主要是道家的）之木，结果陷入克罗齐所反对的‘折衷主义’”②，“每逢克罗齐好像和真正的中国艺术概念不一致时，朱光潜便毫不犹豫地摈斥克罗齐，或者采取了他认为是必要的‘纠正’，这些‘纠正’往往毁坏了克罗齐的理论基础”。③ 中国学者邓晓芒也认为，“当朱光潜这样做时，他自己的感觉却完全是在引进西方文化，在做一种普罗米修斯式的盗火工作”。④ 事实上，在他本人1949年最早的一篇检讨文章中，他不但不认为自己先前的美学著作和译介活动有什么问题，而且对自己的政治经历也予以辩护；与此同时，仅仅只就人生观上的“自由主义”“脱离现实的见解偏狭而意志不坚定”⑤，展开轻微的自我批评。

---

① 蔡仪.蔡仪文集（第二卷）［M］.北京：中国文联出版社，2002：142－143.
② 沙巴蒂尼. 外国学者论朱光潜与克罗齐美学［J］.申奥摘，译.读书 1981（3）：140.
③ 同上。
④ 邓晓芒.序［M］//王攸欣.选择、接受与疏离：王国维接受叔本华、朱光潜接受克罗齐美学对比研究.北京：生活·读书·新知三联书店，1999：5.
⑤ 朱光潜.朱光潜全集（第九卷）［M］.合肥：安徽教育出版社，1993：538.

然而从20世纪50年代初开始，蔡仪等人在《文艺报》上，继续对他的美学思想展开批判，称他的美学著作“从马克思主义观点看来，有许多地方是错误的或过偏的”，使读者“染了毒”①，因此应该全盘否定等。对此朱光潜并不服气。在《关于美感问题》（1950）一文中，他从历史主义、辩证法之“否定之否定”规律以及建立新美学的需要三个角度，为自己辩解：

“一切学说都有它的历史环境的背景，我们读任何书，都要还它一个历史的本来面目。历史环境变了，硬要墨守成规，说它完全是对的；或是执今责古，说它完全要不得，这两种态度都未免缺乏历史发展的认识和批判的精神。

……

在无产阶级革命的今日，过去传统的学术思想是否都要全盘打到九层地狱中去呢？还是历史的发展寓有历史的联续性，辩证过程的较高阶段尽管是否定了后面的较低阶段，而却同时融会了保留了一些那较低阶段的东西呢？

……

建立新美学是一件重大的工作，我们需要更谦虚的学习和更严谨的批判。我们需要学习马列主义，学习新时代的现实情况，也需要学习美学古典和美学史的发展，认清我们所应该否定的和所应该接受的。”②

由此我们发现，就别人对他新中国成立前的美学思想和著译的批判，朱光潜并不是一开始就心悦诚服的。然而随着政治形势的发展，外界对他在政治、学术、生活上批判力度的增强，以及他对马

① 朱光潜.朱光潜全集（第十卷）[M].合肥：安徽教育出版社，1993：1－2.
② 朱光潜.朱光潜全集（第十卷）[M].合肥：安徽教育出版社，1993：1－3.

列主义认识的“提高”，他逐步对这类批判表示认可，并主动展开了自我批评。在1951年年底发表的《最近学习中的几点检讨》中，朱光潜不但用阶级观念来分析自己的出身和教育经历，还使用严格的两分法，将自己逃避现实、超脱政治、走“中间路线”和“为学术而学术”的态度和经历，归纳为容忍、维护反动统治，也即“反革命”的表现。最重要的是，他承认了蔡仪等人对自己的美学批判是正确的，而自己的“基本立场和观点都是错误的”①。如果说在这篇文章中，朱光潜对自己的美学思想和译介活动的批判，还只是一种笼统的表态，那么，在发表于1956年的《我的文艺思想的反动性》一文中，他则首次从学术方面，详细地、深刻地追溯自己美学思想的来源。

这篇文章中，朱光潜从自己成长的社会环境、接受的封建和西方教育以及个人性格着手，追溯了他接受唯心主义美学的原因，接着依次介绍自己美学思想的来源，包括克罗齐的直觉说、里普斯的移情说、泛神论、布洛的距离说、形式主义文艺观、印象主义批评等，然后从文艺的社会性和社会功用出发，批判这种美学思想的反现实主义、反社会、反人民的本质。这篇文章是朱光潜从新的立场、观点出发，对他自己在民国时期的社会经历、美学思想、理论来源和译介活动的一个总结和评论。然而就在这里，我们看到了相互冲突的两个方面。

一方面是朱光潜对自己的社会经历、美学思想和译介活动的大面积否定，以及对马克思主义哲学、社会学和文艺学理论、方法、标准的肯定和运用。我们只挑译介活动这一方面来说。在先前文章中，就蔡仪对他的指责——认为他的译介是“无意的误解，或竟有意的歪曲”，使读者“染了毒”之类——他一直采取了反驳或回避

① 朱光潜.朱光潜全集（第十卷）[M].合肥：安徽教育出版社，1993：21.

的态度，然而在这篇文章中，他主动承认，自己“过去吸收书本知识，无论是中国的还是外国的，都有这种割裂和歪曲的习惯”①。比如：

“我不但把距离说的重要一方面割裂掉，而且把剩下的一方面加以过分的夸张。经过我割裂而且夸张的距离说和我的整个文艺思想是一致的，它是‘形象的直觉’说的补充（在什么条件下直觉才有可能），形式主义的辩护。”②

但另一方面，对于作为自己理论来源的西方美学思想，在批判的同时，他却依然表示了一定的肯定。比如对于里普斯的“移情说”，他这样说：

“这种现象的存在是不容否认的。如果把它简单地加以否定，说根本没有‘移情作用’这回事，那不是解决问题的办法。问题在对于这种现象的解释。……我说这是‘推己及物’、‘设身处地’，由于‘类似联想’，是一种‘错觉’。这种解释我至今还认为是基本正确的。”③

又如对于布洛的“距离说”，他指出：

“按照距离说，艺术和实际人生要有适当的距离。这距离不能太近，太近就会使艺术与实际人生混为一事；也不能太远，太远了就脱离了生活，使人无法了解，不感兴趣。这种说法本身也

---

① 朱光潜.朱光潜全集（第五卷）[M].合肥：安徽教育出版社，1989：12.
② 同上，第24页。
③ 同上，第22页。

并非没有一点道理。……‘距离说’本来有‘矛盾’的两方面，就它主张距离不能太近来说，它是反对自然主义的；就它主张距离不能太远来说，它是反对形式主义的。它与现实主义倒不很相违背……”①

朱光潜这篇文章中肯定西方（以及他自己的）美学思想的例子，并不止上面两个。这表明，即使面对各方面巨大压力，朱光潜依然对各种美学理论的价值有清晰的认识，并保有自我肯定的勇气。荷兰学者佛克马甚至指出，当朱光潜谈到克罗齐时，“检讨语气顿时消失，详细描述了自己与克罗齐的文艺观”；以及虽然“《文艺报》编者认为他的态度是真诚的”，“但通观全文却只有一丁点形式上的检讨”②。如果说这一观点尚不乏争议，那么佛克马下面的论断则极有道理：“可以不管他的自我批评的真诚程度，重要的是朱光潜在该文中真正给出了一些《文艺报》读者一般看不到的信息。”③ 对于他的这种观点，中国学者钱念孙表示认同：

“尽管朱光潜是在批判自己文艺思想的‘反动性’，但就在这自我批判之中，他实际上却向当时的读者传达了许多西方资产阶级的和中国传统的文艺美学知识；而这些知识在当时都是被当作‘封、资、修’流毒而禁止宣传讲解的。当然，这一点在朱光潜也许并非有意为之，他只是坦率地检讨了自己文艺思想的形成过程及主要内容，但客观上也许确实起到了佛克玛所说的效果”。④

---

① 朱光潜.朱光潜全集（第五卷）［M］.合肥：安徽教育出版社，1989：24.
② 佛克马. 中国文学与苏联影响（1956—1960）［M］.季进，聂友军，译.北京：北京大学出版社，2011：90－91.
③ 同上。
④ 钱念孙.朱光潜——出世的精神与入世的事业［M］.北京：文津出版社，2005：190.

2.3 克罗齐美学批判

如果说《我的文艺思想的反动性》一文，由于写作目的和社会氛围的限制，是朱光潜所有美学论文中政治味道最浓的一篇，那么，当这两方面有所缓和的时候，朱光潜对唯心主义美学思想的反思，才显出较多的客观性。两年后，朱光潜民国时期所译克罗齐《美学原理》得到再版，朱光潜“在校改中把克罗齐的美学思想重新研究了一遍，又把近年来旁人和我自己的对他的批评看了一遍，觉得以往的批评不免是零星的，片面的，甚至是捕风捉影的，有必要把这种批判再推进一步”①。因此有了这篇名为《克罗齐美学的批判》的论文，它不是发表在《文艺报》上，而是发在学术期刊《北京大学学报（哲学社会科学版）》上，也从侧面表明了这篇文章的学术性。该文发表之后，不久便有批评文章出现，比如叶秀山的《是批判呢还是宣扬——朱光潜先生的〈克罗齐美学的批判〉一文剖析》。把朱光潜的原文与这类文章对比起来看，我们可以清楚地看出朱光潜对其唯心主义美学来源批判的方法，与当时主流的批判方法之间的差异。

首先是以批判为主，还是以介绍为主的问题。叶秀山认为，朱光潜这篇“文章的题目既然叫《克罗齐美学的批判》，而批判的部分只占全文的三分之一，大部分的篇幅却用来‘客观地’介绍哲学和美学观点”②，其目的，一方面是为了反驳他人对克罗齐的批评，另一方面其实是借机对其“再作一番介绍”，显示“克罗齐有多少好东西啊！”叶秀山此言看起来有失公允——这一时期的中国学术界对克

---

① 朱光潜.克罗齐美学的批判［J］.北京大学学报（人文科学版），1958（2）：25.

② 叶秀山.是批判呢还是宣扬——朱光潜先生的《克罗齐美学的批判》一文剖析［J］.新建设，1958（12）：40.

罗齐美学并不熟悉，而且批判之前对其进行介绍也是应当的——实际上却一针见血。

朱光潜往往借批判唯心主义的机会，详细介绍其各种（尤其是当代的）流派和理论，因为照他看来，尽管唯心主义美学在根本立场上与唯物主义美学相悖，但并不表明其中就没有任何合理的、可以和唯物主义相通的内容。比如就认识和实践的关系这一问题，朱光潜举了康德和克罗齐的例子，认为他们主张认识与实践相互依赖，“循环相生”，这一点和毛泽东《实践论》中的看法有不少近似之处。①

应当说，这里朱光潜虽有比附马克思主义来为康德和克罗齐两人辩护之嫌，但他的论证本身并没有问题。然而这马上遭到了叶秀山的严厉批评。除了进行学理上的反驳外，他同时怀疑朱光潜是站在唯心主义立场上，为克罗齐等人翻案：“朱先生不加批判地把毛主席的理论和康德的观点做文字上的对比，目的何在呢?”②，“从这段文字中，很难看出唯物主义和唯心主义在认识与实践上的根本对立”，“克罗齐简直就是个唯物主义者了!”

其次是美学评论的方法和立场。倘若按照这一时期多数人的观念，摆正立场之后，对唯心主义思想的批判，就应该使用唯物主义、辩证法和阶级斗争的理论方法。比如叶秀山就认为，“我们批判克罗齐的哲学，着眼点应该在他的主观唯心论，这是很自然的事”③。的确，《我的文艺思想的反动性》一文，就是这样做的；然而在这篇文章中，朱光潜不再采用这种方法和立场，而是从克罗齐哲学本身的问题着手——也就是叶秀山所说的，“（朱光潜）不是着重批判

① 朱光潜.克罗齐美学的批判［J］.北京大学学报（人文科学版），1958（2）：26.
② 叶秀山.是批判呢还是宣扬——朱光潜先生的《克罗齐美学的批判》一文剖析［J］.新建设，1958（12）：41.
③ 同上，第43页。

克罗齐哲学的主观唯心论，而纠缠于所谓克罗齐哲学的‘二元论’问题上”①。

朱光潜认为，克罗齐之所以将以直觉为基础的认识论，作为他的美学和全部哲学的奠基石，首要目的就是“彻底打消二元论，证明一切事物都是心灵活动的产物，以此来建立一种彻底的唯心主义的哲学”②；而且，“作为一个总的哲学派别来说，唯心主义早已被马克思列宁主义的反映论彻底粉碎了”③，因而现在应该“针对克罗齐的这种特殊形式的唯心主义认识论加以驳斥，证明他想打消二元论的企图并没有成功”④。我们知道，取消二元论、实现一元论的倾向，在西方哲学史中由来已久，原本就是康德、黑格尔等大家建构自己哲学体系的出发点；而朱光潜在这一问题上对于克罗齐的评论，也是没有问题的。因此，尽管朱光潜并不拒绝从阶级论观点进行论述，但他坚持认为，克罗齐哲学体系本身内部的矛盾才是关键：“唯心主义者是不相信历史根源和阶级根源的，所以对于唯心主义的批判还是要‘以子之矛，攻子之盾’。”⑤

回过头来看叶秀山，他却认为“这种批判唯心主义的方法是不正确的，这实际上是跟着唯心主义那一套体系走”，“果然，朱先生在这篇数万言的‘批判’文章中，没有几句谈到克罗齐学说的阶级根源，更谈不到仔细分析了”⑥。照他看来，这或者体现了朱光潜运用马列主义理论不娴熟，或是他对这种批评手段的刻意回避，而这又体现出朱光潜在学术研究中，对唯心主义、资产阶级立场的坚持。

---

① 叶秀山.是批判呢还是宣扬——朱光潜先生的《克罗齐美学的批判》一文剖析［J］.新建设，1958（12）：43.

② 朱光潜.克罗齐美学的批判［J］.北京大学学报（人文科学版），1958（2）：26.

③ 同上，第35—36页。

④ 同上，第36页。

⑤ 同上，第39页。

⑥ 叶秀山.是批判呢还是宣扬——朱光潜先生的《克罗齐美学的批判》一文剖析［J］.新建设，1958（12）：43.

最后，在对唯心主义思想进行批判之后，还有是否、如何继承的问题。在文章最后，朱光潜认为，不应该全盘否定克罗齐的美学。他举出两点，“第一，他对于过去欧洲美学思想有相当渊博的认识，而且进行了相当中肯的批判。例如他对于快乐说、联想说、同情说、形式美说等等的批评确实是对于美学进展扫清了一些障碍”①。但在叶秀山看来，“克罗齐的全部学说都是为了反对唯物主义、反对辩证法而建立的，因此是彻头彻尾反动的”，比起他批判的对象，“不是大大进步了，而是大大退步了”，因而他的批判自然也就算不上“中肯”②。

朱光潜又指出：“其次，唯心哲学的一般毛病在于把片面的真理夸大为全部的真理，我们既然明白这种夸大性，也就不妨接受其中的片面的真理。”③ 作为例证，他举出克罗齐的两个基本主张：艺术的普遍性和意向表现情感说，以及艺术与语言、美学与语言学和思想与语言的统一说等。但在叶秀山那里，他不但质疑这种“被夸大了的‘片面的真理’还是不是真理，或者能不能、应不应该接受‘片面的真理’”④，而且认为朱光潜既然肯定克罗齐艺术表现论的片面真理性，就是否认马克思主义艺术反映论的全部真理性。

比较这两种悬殊的态度，不难看出，朱光潜在批判唯心主义思想的同时，还强调要继承其中的合理成分；而更多人则持一种典型的“非黑即白，黑白分明”的两分法（唯心主义和唯物主义），认为一种学说，只要理论基础错误，便一无可取；而马克思主义也已相当完备，不需要从唯心主义美学中学习什么。

---

① 朱光潜.克罗齐美学的批判［J].北京大学学报（人文科学版），1958（2）：43.

② 叶秀山.是批判呢还是宣扬——朱光潜先生的《克罗齐美学的批判》一文剖析［J].新建设，1958（12）：43.

③ 朱光潜.克罗齐美学的批判［J].北京大学学报（人文科学版），1958（2）：43.

④ 叶秀山.是批判呢还是宣扬——朱光潜先生的《克罗齐美学的批判》一文剖析［J].新建设，1958（12）：43.

2.4 学习俄语、德语语言和著作

朱光潜学习俄语，主要出于以下两种原因。

首先，中华人民共和国成立初期，俄语是学生和教学的第一外语，俄语课本或其汉译本成为各专业的教科书，教师普遍参加俄语速成班——朱光潜也不例外。就哲学、社会科学领域而言，马克思主义理论更是全面取代了其他一切西方的、资产阶级的理论，成为覆盖所有专业、学科的指导思想。马克思主义在中国，从一开始就是通过苏联的途径，以“马列主义”（或者称苏联马克思主义、正统马克思主义）的形式被阐释、发挥和应用的；而关于马列主义的论述，在国际马克思主义理论领域，事实上也以苏联为最多。

其次，就文献资料而言，无论是经典马克思主义作家（马、恩、第二国际人物）本人的著作，还是与马克思主义有理论渊源的古典哲学、美学著作，还是其他国家的当代学者对于马克思主义，尤其是其中的美学、文学思想的研究著作，在当时的中国，很多原著尚且缺乏，更不用说汉译本了。相反，这些著作的俄语译本，不但数量较为丰富，而且翻译质量也比较有保证。它们与俄国、苏联的马克思主义论著一起——包括列宁、斯大林、普列汉诺夫等人的原著，以及苏联官方和苏联学者对马克思主义理论历来的阐释和应用，构成了中国该期马克思主义著作的主要来源。

至于他之所以学习德语，本文认为有以下三种原因。首先，正如列宁所指出的，德国古典哲学是马克思主义的三个理论来源之一。而马克思的哲学理论，始终是批判资本主义社会、探索人的解放问题最有力的理论工具。其次，正如车尔尼雪夫斯基认为只有德国美学才配称作美学，以赫尔德、莱辛、康德、费希特、歌德、席勒、谢林、黑格尔、叔本华等人为代表的德国古典哲学，在整个西方美学史中都意义重大，在近代美学史中则更是独领风骚。最后，在当时中国学界，熟悉德语的学者本来就很少，能够从事古典德国美学翻译、研究的则更少①。因此，掌握好德语这一工具，对于古典美学、美学史乃至马克思主义美学研究，既是必要的手段，也是突出的优势。

朱光潜开始自学俄语和德语的时间大概在1952年，他这样论述自己的学习经过："据我自己的经验来说，我每周花八小时左右学俄文，学到两年左右，便可勉强阅读；每周花同样的时数学德文（年轻时作为第二外国语学过两年，歇着二十多年不用，全忘了），不到一年便可勉强阅读。"② 其中关于俄语学习，他这样说：

> "我是解放后才学俄文的，方法是听广播，请一位俄国老太太教发音，搞了一个多月。用两年时间读了几本书：《联共党史》、托尔斯泰短篇小说选，屠格涅夫的《父与子》，契诃夫的《樱桃园》、《三姊妹》，高尔基的《母亲》。每本书看四遍，第一遍粗读，看个大意；第二遍死啃，一字一句都尽可能弄懂，最花时间；第三遍从文学角度看，如人物、典型环境、典型性格等等；过些时候再看第四遍。两年后，我就抱着词典开始翻译。"③

由此我们看到，他是抱着多么认真、积极的态度来学习俄语

---

①《翻译通报》根据发出的3 000多份调查表中收回的919份，得到的统计结果显示：全国翻译工作者，以第一外国语为准，英文译者435位，俄文译者374位，日文译者70位，法文译者23位，德文译者9位；另外，一人通两种语文者有181位，通三种者91位，通四种者16位，通五种者5位。这个数据显然不完全，但是可以大致反映各主要语种译者的多寡。见：《翻译通报》编委会.全国翻译工作者的初步统计［J］.翻译通报，1950（5）：37－38。另据黎之、蔡仪为编写《文学概论》和编译《文艺理论丛书》和《古典文艺理论丛书》，专门向周扬汇报过一次，其中提到翻译力量，特别是德文译者太少。见：黎之.文坛风云录［M］.郑州：河南人民出版社，1998：544.

② 朱光潜.朱光潜全集（第十卷）［M］.合肥：安徽教育出版社，1993：91.

③ 同上，第514页。

（以及德语）。考虑到他当时已年过半百，不但要从事正常的教学和翻译工作（他这期间翻译了柏拉图《文艺对话录》），同时还要参加当时的各种社会活动和思想、政治运动，要写作大量的批评和自我批评的文章，这实在不是一件轻松的事情。

事实证明，学习俄语和德语，给朱光潜的美学翻译和研究工作带来了很大的帮助。

首先，在编写《西方美学史》中德语和俄语部分时，他在编选、翻译大量原著（后来收在该书的《资料附编》中）的基础上，进行了独立的评述。即便一些著作已有汉语译本，他也很少直接沿用，要么是略作修改，要么干脆重新翻过；因此他称《西方美学史》中，“绝大部分引文，都是自己试译的”①。

其次，在20世纪50年代中期到60年代初，中国学界展开美学讨论的过程中，他始终密切关注同期进行的苏联美学讨论的最新进展，吸收其中的重要观点和问题，建立起和论证了自己的一派观点，并且推动了中国美学讨论的整体进步。

最后，他能更好地理解马克思主义经典作家的著作。他自己这样回忆道：“我曾精选几本马克思主义经典著作来摸索，译文看不懂的就对照四种文字的版本去琢磨原文的准确含义，对中译本的错误或欠妥处作了笔记。”② 60年代初，在研读艰涩难懂的原著（俄译本和英译本）的基础上，他对马克思《手稿》中的美学和哲学思想进行了详细、深刻的阐释。不仅如此，他还经常凭借这种语言优势，从马克思主义原著解读的角度，批评学界对经典原著的误读。比如他曾在批评蔡仪混淆了马克思著作中的“审美”和“美”两个概念之后，这样总结道：

① 朱光潜.朱光潜全集（第十卷）[M].合肥：安徽教育出版社，1993：565.
② 朱光潜.朱光潜全集（第一卷）[M].合肥：安徽教育出版社，1987：7.

"'审美范畴'这场纠纷所涉及的基本知识也包括对外文的知识。上例就说明了不懂德文 ästhetichen 这个词的意义，就导致把它误以为和 schön（美）同义，从而认为具有'审美属性'的东西就具有'美'的客观属性。从此可见，不懂德文，就很难准确地理解马克思的经典著作，而不准确地理解和翻译就会歪曲原义，以讹传讹，害人不浅。生在现代，学任何科学都不能闭关自守，坐井观天，必须透过外文去掌握现代世界的最新的乃至最重要的资料。"①

2.5 黑格尔《美学》译介

朱光潜翻译黑格尔的巨著《美学》，最初是因为此乃周扬交给他的任务。就朱光潜本人而言，是出于美学学科建设的需要，他也乐于从事基础的资料译介工作。然而该书全部三卷四本的翻译，却经历了一个相当漫长、艰难、曲折的过程。第一卷固然在 50 年代便已出版，然而第二卷译稿尚未校阅，便历经坎坷，最终，《美学》全书译成并在"文化大革命"后出版。

朱光潜对黑格尔《美学》的翻译投以如此巨大的热情，跟他本人对该书的认同不无关系，这从他的译后记中就可以看出。

"对于深入学习马克思主义理论的人，《美学》这部书是值得细读的。在马克思主义之前，西方美学和文艺理论的书籍虽是汗牛充栋，真正有科学价值而影响深广的也只有两部书，一部是古希腊的亚里士多德的《诗学》，另一部就是十九世纪初期的黑格尔的《美学》。在哲学方面黑格尔总结了他以前二千多年的西方思想发展，在美学和文艺理论方面也是如此。马克思、恩格斯早年都属于青年黑格尔派，

① 朱光潜.朱光潜全集（第五卷）[M].合肥：安徽教育出版社，1989：525－526.

他们所创立的辩证唯物主义和历史唯物主义是在工人运动蓬勃发展的新形势下批判继承黑格尔和他的门徒费尔巴哈等人的结果。”①

黑格尔《美学》属于对西方美学史影响最大的著作之一，这本无可非议，然而这里将其列为“真正有科学价值而影响深广的”仅有的“两部书”之一，却显然言过其实。柏拉图的《文艺对话录》，亚里士多德的《诗学》，其影响至少与《美学》是平齐的；而康德的《判断力批判》在西方美学史上的地位，更远远超过黑格尔的《美学》。朱光潜将《美学》抬至如此高的地位，一方面自然是著书中常见的“修辞”手法，但更重要的，是因为他是从特定的立场出发，针对预设的读者群体和阅读目的而言的。前两者之所以比后两者更加重要，是因为他们的哲学思想，不但与马克思主义较为近似，得到马克思、列宁本人的高度肯定，而且很大程度上直接影响了马列主义本身。这在该期中国的哲学研究中体现得特别明显。即便在斯大林—日丹诺夫时代，苏联哲学界对黑格尔持轻视态度（50 年代中期以后得到了扭转），然而在新中国的哲学界，对黑格尔哲学的翻译、研究相当丰富（虽然是从马克思主义的观点出发的），同时康德却基本上处于被批判的状态。

这些“深入学习马克思主义理论的人”中，也包括他自己。新中国成立后朱光潜对自己原先美学观点的清理及对思想来源的批判，对马克思主义的美学观点的建立，很大程度上都是通过对黑格尔的翻译、研究实现的。关于他如何通过黑格尔，来论证马克思的“自然的人化”“人的本质力量的对象化”理论，我们会在以后讨论，这里主要讨论黑格尔在改造朱光潜新中国成立前的美学观点及思想来源中的作用。

---

① 朱光潜：朱光潜美学文集（第五卷）［M］.上海：上海文艺出版社，1989：244－245.

作为朱光潜在新中国成立前主要理论来源的克罗齐，在历史观上本是新黑格尔主义者。对于新黑格尔派，贺麟这样评价道：

“新黑格尔派一般讲来有几个共同的特征：（一）在方法方面丢掉了黑格尔辩证法中的合理内核，趋向于形式主义和形而上学。（二）在观点方面发展了黑格尔体系中的唯心的和神秘的一面，退回到康德，转变成了主观唯心论。（三）在政治立场方面替反动的资产阶级服务，反对辩证唯物论和历史唯物论。”①

既然要批判克罗齐的观点，最好的方法莫过于从黑格尔本身出发，来反击克罗齐对黑格尔的歪曲和反动。然而在贺麟看来，朱光潜新中国成立前对于黑格尔，本来就是“以克罗齐的眼光去阅读”的，并不曾“作过独立的研究、介绍和评价”②。这样，朱光潜更有必要从原著、一手材料对黑格尔进行研究，来纠正自己对黑格尔的误读和对克罗齐的追随。而最深刻、细致的方法，自然就是在翻译的基础上进行研究。贺麟指出，克罗齐与其说是接近黑格尔，不如说是更接近康德，这一点得到朱光潜本人认同。因此，他在对旧思想及其来源进行清理之时，就将黑格尔作为一方，将康德、克罗齐以及他自己放在一起，作为另一方，从以下几个角度，用前者对后者进行批判。

首先，朱光潜认为，黑格尔的美学观点，是建立在他的哲学基础，尤其是辩证法之上的，因此就体现为感性与理性、形式与内容，以及主观与客观等方面的对立统一。就美学上感性与理性的关系而言，他这样写道：

---

① 贺麟.朱光潜文艺思想的哲学根源［C］//《文艺报》编辑部编.美学问题讨论集（第一集）.北京：作家出版社，1957：37.

② 同上，第36—37页。

“西方美学自从一七五零年鲍姆嘉通创立 Aesthetik（美学）这门科学的称号起，经过康德、许莱格尔、叔本华、尼采以至于柏格森和克罗齐，都由一个一线相承的中心思想统治着，这就使美只关感性的看法。美学的名称 Aesthetik 这一词的原义就是研究感觉的学问，是与逻辑对立的；这就是说，美只在感性形象上，美的享受只是感官的享受。这种思想发展到最后，就成为克罗齐的直觉说。在这个潮流之中，黑格尔可以说是一个中流砥柱，他把理性抬到艺术中的首要地位。”①

朱光潜认为自己原先虽然对克罗齐的结论作了“调和折中”——在直觉之外，加上了“抽象的思维、道德政治等等的考虑”——然而始终还是“在唯心主义那个‘迷径里使力绕圈子’”，“站的是唯心主义的立场，用的是唯心主义形而上学的逻辑方法，来批评唯心主义”，因而“始终是不会绕出那个圈子的”②。因此，黑格尔美学中所高扬的理性主义，对于朱光潜原先美学思想中的感性主义和直觉说，无疑是一种极好的纠正。

与理性相对应的是形式与内容的关系：

“依康德，‘纯粹的美’只是‘直接呈现’的外在因素，即艺术的外在形式。美的东西最好不带意蕴，如带意蕴，美就不是‘纯粹的’而是‘依赖’的。这种说法其实就是‘为艺术而艺术’的文艺观的哲学基础。欧洲美学一直是由康德思想中形式主义一方面统治着的。黑格尔是孤立的，尽管他费尽气力阐明理性内容在艺术中的首要地位，而在资产阶级的美学和艺术实践中，他的学说没有发生多大影响，感性主义和形式主义一直在泛滥着。”③

---

① 朱光潜.黑格尔美学的评介［J］.北京大学学报（人文科学版），1961（5）：29.
② 朱光潜.朱光潜全集（第五卷）［M］.合肥：安徽教育出版社，1989：21.
③ 朱光潜.黑格尔美学的评介［J］.北京大学学报（人文科学版），1961（5）：29.

而在朱光潜本人看来：

“虽然我跟着克罗齐一再强调过内容与形式的统一，但是我既然把艺术和‘脱净了意志和抽象思考的’直觉等同起来，又把直觉出来的东西看成‘赤裸裸的孤立无援的形象’，这就已用偷梁换柱的方法，把内容从艺术中完全抽出去了，剩下的就只能有空洞的形式。……我在英法留学时代（1925 年至 1933 年），适逢形式主义极端猖獗的时代。无论在艺术实践方面，还是在艺术理论方面，我耳濡目染的尽是形式主义。……我把这各色各样的形式主义称赞为‘欧洲真正艺术的新方向’……”①

理性与感性的统一也是主观与客观的统一。黑格尔在“把理性因素看作是主观方面的”前提下，认为“存在于人心中的理念（真理认识，理想，愿望）必须在现实世界中实现，否定它原来的片面性，才能变成统一的整体”②。然而这种统一的方法又不同于我们一般的“机械唯物论或二元论”的“形而上学”的看法，即西方美学史上从古代到近现代，一直以来沿用的“直观”的观点；而是采用“把艺术和人的改造世界从而改造自己的劳动实践过程联系在一起的”观点——这正是马克思主义美学中“实践观点的萌芽”。

其次，朱光潜认为：

“黑格尔对美学的最重要的贡献是在于把辩证发展的道理应用到美学里，替美学建立了一个历史观点。他把艺术的发展联系到‘一般世界情况’来研究，即联系到人与自然以及人与社会的关系，联系到经济、政治、伦理、宗教以及一般文化来研究。他认为艺术的发

① 朱光潜.朱光潜全集（第五卷）[M].合肥：安徽教育出版社，1989：25.
② 朱光潜.黑格尔美学的评介 [J].北京大学学报（人文科学版），1961（5）：30.

展史是有规律可寻的。”①

一方面，这种历史主义的观点，与康德等人哲学、美学中的普遍人性论、普世主义不同，另一方面，黑格尔对历史发展规律的解释，也与同样承认发展观念的历史学家克罗齐不同。克罗齐先用“相异面”的概念（“美”“真”“利”“善”）取代了黑格尔的“对立面”的概念（如“美”“丑”），再用不同相异面以及同一相异面的两对立面之间的“高一度内含低一度的统一”“依存”，取代了黑格尔的对立面经由矛盾斗争而达到统一的观点②。通过回归黑格尔辩证法的本来面目，朱光潜得以清理他自己沿袭自克罗齐的、对于黑格尔辩证法的错误的修正。

再次，既然承认历史主义的观点，那么势必关涉到个人与社会、时代的关系，以及理想的个人性格的问题。朱光潜认为，黑格尔“从来不把文艺中的人物当作孤立的个人看待，总是把他们看作社会历史环境的产品，人物行动的推动力不是什么个人的幻想和癖性，而是每个时代的社会力量”。因此他

“认识到资本主义时代的一般社会情况与文艺活动的矛盾，其根源在于个人与社会的脱节，在于主观主义和唯我主义的猖獗，使个人性格中不能体现有理性内容的带有普遍性的社会理想，因此不能具有文艺理想所要求的人物性格的独立自足性与坚强性。”③

在朱光潜看来，生活时代与黑格尔相距不远的康德和克罗齐，这些方面却形成了鲜明对比。康德虽处在启蒙运动的高潮，却不赞

① 朱光潜.黑格尔美学的评介［J］.北京大学学报（人文科学版），1961（5）：41.
② 朱光潜.克罗齐美学的批判［J］.北京大学学报（人文科学版），1958（2）：29.
③ 朱光潜.黑格尔美学的评介［J］.北京大学学报（人文科学版），1961（5）：40.

成通过暴力改革现状，“只倾向于改良妥协，而且对十八世纪法国启蒙思想的唯物方面和革命方面都是拒抗的”①。而克罗齐的美学观点，则是“资本主义垂死时期艺术脱离社会和自禁于作者个人感受的小天地那种颓废情况的反映和辩护，是‘为艺术而艺术’的理论最极端的发展”②。就朱光潜本人而言，他在封建主义与帝国主义的教育下，形成了“脱离现实的见解偏狭而意志不坚定的”③“对人处世的妥协保守的”④“滑稽玩世”“悲观厌世”“鄙视群众、抬高自我”⑤ 等生活态度。为了论证马克思主义、社会主义的学说中调和、统一个人与集体和社会关系的精神，将理论源头上溯到黑格尔，无论是对于朱光潜本人还是他的读者，都是一个颇具说服力的方法。

对个人与社会关系看法的差异，体现在近代的哲学、文学中，则是理性主义与反理性主义、现实主义与消极浪漫主义、颓废主义和自然主义的分歧。在这些方面，朱光潜这样评价黑格尔：

“他的《美学》就是针对这种情况而企图纠正时弊，指出正确方向的。在文艺方面，当时正是浪漫主义刚兴起就逐渐转入颓废主义的转折点。……接触过欧洲文艺中所谓的‘印象派’、‘象征派’、‘近代派’、‘超现实派’等等的作品的人，就会体会到黑格尔对于资产阶级末期文艺病态的诊断是切中要害的。同时我们还要记得黑格尔是和叔本华和尼采两个宣扬悲观主义的哲学家同时代的，而且都是德国人，试看黑格尔的理性主义与他们两人的反理性主义处于多么尖锐的对立！黑格尔不但反对当时正在猖獗的反动的浪漫主义

① 朱光潜.朱光潜全集（第七卷）［M］.合肥：安徽教育出版社，1991：1.
② 朱光潜.朱光潜全集（第七卷）［M］.合肥：安徽教育出版社，1991：319.
③ 朱光潜.朱光潜全集（第九卷）［M］.合肥：安徽教育出版社，1991：550.
④ 朱光潜.朱光潜全集（第十卷）［M］.合肥：安徽教育出版社，1991：21.
⑤ 朱光潜.朱光潜全集（第五卷）［M］.合肥：安徽教育出版社，1989：13.

以及其连带的颓废主义，而且也反对当时初露萌芽的自然主义的倾向，……所以在基本上黑格尔的文艺主张是符合现实主义的。”①

相比之下，朱光潜本人在新中国成立前接触、爱好和吸收的，主要是西方消极浪漫主义文学，特别是较后起的“颓废主义”文学，康德、克罗齐、尼采等人的唯心主义哲学和“为艺术而艺术”的形式主义美学。因此抛弃他本人先前的浪漫主义文艺观，转而认同黑格尔（以及马克思主义）的现实主义文艺观，也成为朱光潜美学思想改造中的一个方面。

2.6 西方马克思主义文艺理论

朱光潜借鉴的当代马克思主义文艺理论、美学资源中，一个重要的部分就是西方马克思主义学者（主要指西欧、美国等资本主义国家，第 5 章会有详述）的著作。他在自己的著译中翻译、研究、引用和表示过认同的，主要有美国的哈拉普（Louis Harap），英国的考德威尔（Christopher Caudwell，原名 Christopher St. John Sprigg），法国的列斐伏尔（Henri Lefebvre），以及匈牙利的卢卡奇（Gyorgy Lukács）这四个人。关于他们的学术、政治背景和思想、著作，以及朱光潜的译介情况，下面依次介绍。

哈拉普的研究兴趣主要在犹太文化和文学，除了朱光潜翻译的《艺术的社会根源》（出版于 1949 年）之外，他没有发表过其他马克思主义的文艺专著。在西方文艺理论及评论界，即便是马克思主义学术圈内，该书都从不被人提起。其观点基本沿袭了传统的马克思主义文论，同时对斯大林—日丹诺夫时代的苏联正统文论基本表示

① 朱光潜.黑格尔美学的评介［J］.北京大学学报（人文科学版），1961（5）：40.

认可，因此出版后得到某些苏联文艺评论家的肯定。在20世纪四五十年代之交，它是朱光潜接触较早的、较为全面的介绍马列主义文艺理论的一本著作。朱光潜在译后记中说明他翻译的目的：

“译者译这本书，觉得这是一个愉快的工作，不但从此对马列主义的文艺理论，有较深一点的了解，而且拿作者的问题和看法，来对照我们自己的当前的一些文艺问题，也随时得到许多启发。”①

由此可知，朱光潜借翻译此书，是为了初步了解马列主义文艺理论，以此来改造自己的美学思想。这一点颇为重要：“拿作者的问题和看法，来对照我们自己的当前的一些文艺问题”，以便“随时得到许多启发”。我们看到，朱光潜这样做，不光是“为理论而理论”，更是希望借此来参与当前的社会、文艺、学术生活，解决现实的问题。

事实上，这些问题在该书当中已经有所体现。哈拉普虽然基本认同苏联的正统文论，但就某些当时全世界马克思主义文艺理论界的一些热点问题，如社会主义现实主义和党性原则在社会主义文学中的地位，西方现代文学家的立场问题，当前对西方现代文学的接受、继承等问题上，他以及多数西方马克思主义文艺理论家和评论家的观点，和苏联主流观点还是存在不同。因而，对该书进行评论的苏联学者，在推荐了该书的一些优点后，针对上面提到的问题提出批评，这类书评随即也被译为中文。

在最初的译后记上，朱光潜对原书的观点基本持肯定态度。但当他看到这类书评时，便在译后记上以补记的形式及时添加，提醒读者注意；同时自己也表明态度，认为这些批评“大体上对的”②。

---

① 朱光潜.朱光潜全集（第十一卷）[M].合肥：安徽教育出版社，1989：514.
② 同上，第515页。

这反映出该期的朱光潜，思想改造的态度是真诚的，不但尽量用主流观点来教育自己，还以此来引导读者。然而在客观介绍和基本肯定之外，朱光潜并没有进一步详细论证苏联学者观点的正确性，这使我们不免怀疑，原作者和苏联评论家之间，朱光潜到底倾向于哪一方，毕竟他翻译长篇的原著在前，而对评论仅仅只是稍微表态而已。在三个月后的“抗美援朝的高潮”中，朱光潜又增补译后记，提醒读者该书的某些章节可以用来批判美国社会①，这种追求“进步”的积极态度可说是一目了然。

相比哈拉普，考德威尔的情况有所不同。虽然多年之后看来，考氏的政治、文艺观点，与斯大林时代的庸俗社会学、教条主义和公式主义太过接近，然而在20世纪50年代初的文艺语境中，他的著作，尤其是《再论一个垂死的文化》，体现出相当大的自由度和对审美层面的关注。朱光潜翻译了其中的一篇论文《论美——对资产阶级美学的研究》，撰写了长篇书评，甚至将该书评与译文一道收入其美学讨论早期的论文集中，足见他的重视程度。朱光潜认为：

“这篇文章虽不算太长，却涉及了一些美学上的基本问题，例如美是主观的，客观的，还是主客观统一的，艺术与科学（美与真）有什么分别和关系，艺术与劳动过程的关系，美的社会性，艺术美与自然美的关系，资产阶级美学走入迷途的原因，以及无产阶级改造艺术与美学的远景等等。这些问题大半是我们近年来美学讨论的中心问题，所以这篇文章的介绍对于我们有很大的现实意义。考德威尔的看法和国内许多参加美学讨论者的看法是大相悬殊的，他的看法也不一定完全正确，但是基本上合乎辩证唯物主义，所以这篇文章对于我们当前的讨论是富于启发性的。”②

---

① 朱光潜.朱光潜全集（第十一卷）[M].合肥：安徽教育出版社，1989：515－516.
② 朱光潜.朱光潜全集（第五卷）[M].合肥：安徽教育出版社，1989：174－175.

从上述评论中我们基本可以看出，考德威尔该文中的美学思想，实际上更接近于马克思早期著作如《手稿》中的观点，也就是朱光潜从美学讨论中后期开始所持的观点（这一方面在第 4 章中会有详述）。因此，考德威尔这篇文章帮助朱光潜实现了从流行的正统马列主义美学观，向马克思早期著作中的美学观的过渡和改造。

相比以上两者，列斐伏尔的文艺理论和美学观点，在马克思主义学界影响要大得多。他发表于 20 世纪 50 年代初的《美学概论》，虽然主要还是沿袭斯大林时代的正统文艺路线，然而马克思早期著作的影响已经有力地显现出来。就《手稿》中关于自然的人化、人的本质力量的对象化、共产主义与人道主义、人的自由、劳动实践与艺术的关系、美感的发生与发展等方面零散的论述，他都进行了阐释和发挥，并以此形成了自己的美学观点。在苏联该期的“解冻”思潮中，这本书很快被翻译成俄语，产生了较大的影响，甚至启发了五六十年代的苏联文艺和美学理论的新思潮。其中关键的一章《马克思、恩格斯论美学》早在 1955 年就从俄语被转译成汉语，然而在中国美学界引发的反响并不大。在美学讨论中，该书（朱光潜采用的是原书而非俄译本）与苏联美学讨论、马克思《手稿》本身、上文提到的考德威尔的著作等，一起促进了朱光潜从反映论的美学向意识形态论、生产实践论的美学的转化。他在自己的辩论文章中多处对该书的征引，是国内对列斐伏尔最早的也是极少数的肯定之一。而列斐伏尔本人由于对苏联正统马克思主义的批评，不久被法共开除党籍，并被社会主义阵营视为“修正主义”的典型人物；其在中国的影响，在此后很长时间内也不复存在。

这四人之中，在西方马克思主义理论界和文艺界、美学界影响最大，也是朱光潜阅读最多的，当是卢卡奇。对于卢卡奇本人及其思想、著作、经历，这里不再介绍，值得注意的是朱光潜对其的翻译和评介。在 1958 年出版的黑格尔《美学》第一卷译本中，朱光潜表示自己对于黑格尔美学本身及马克思主义经典作家对其的批判，尚需进一步的研究，“为着使读者不至迷失方向，我把苏联科学院给俄译本写的序文译出。……这篇序文可以作为研究黑格尔美学的指南”①。然而细致看来，这篇序文实际上是卢卡奇为该书的东德版本（也就是朱光潜使用的版本）撰写的长篇序言的简写版，卢卡奇因为“匈牙利事件”被打成“老牌修正主义理论家”，所以朱光潜不得不效仿俄译本，做了些掩护。

此后美学讨论中，朱光潜在本人的论文中基本上不再引用或提及卢卡奇，然而却不能说朱光潜自此忽视了他。一方面，在 20 世纪 60 年代上半期的中国，卢卡奇成为一个重要的批判对象，他的人道主义学说和“物化”理论为中国理论界、文艺界所关注，他的多部著作以“内部参考”的名义被翻译过来——朱光潜对这些自然也不会不知道。另一方面，朱光潜在五六十年代之交的美学论文中关注的方面——如对列宁反映论的阐释、质疑和补充，马克思对黑格尔在“劳动”“异化”等概念和思想上的继承关系，艺术、审美活动与人性的完整性和全面发展的密切关系等——无论是问题的提出，还是观点、结论的得出，卢卡奇的痕迹清晰可见（尽管不一定总是直接地，而是可能通过苏联、东欧和西方马克思主义的著作间接地发生了作用）。

20 世纪 70 年代中后期，尽管卢卡奇在中国尚受批判，但其《美学史论文集》一书已在朱光潜那里被多次提到和引用②。80 年代，朱光潜在考虑修订、增补《西方美学史》一书时，将卢卡奇的美学思想与存在主义、结构主义美学摆到同样的高度上，认为“如能补上就更好”③。

---

① 黑格尔. 美学（第一卷）[*M*].朱光潜，译.北京：人民文学出版社，1958：392.

② 朱光潜.朱光潜全集（第六卷）[M].合肥：安徽教育出版社，1990：31；朱光潜.朱光潜全集（第七卷）[M].合肥：安徽教育出版社，1991：380.

③ 程代熙.程代熙文集（第五卷）[M].北京：长征出版社，1999：61.

第 3 章

译介作为学科建设的方式

3.1 建设美学学科的背景

美学作为一门学问，仅在 19 世纪末 20 世纪初才由西方介绍进中国。早期的译介者主要有蔡元培和王国维，前者在新文化运动中提倡以美育代替宗教；后者吸收了叔本华的美学思想，并将其融汇进自己的诗学理论中。20 世纪 30 年代的左翼文艺阵营中，鲁迅翻译了普列汉诺夫、卢那察尔斯基等人论艺术和美学的一些著作，周扬翻译了车尔尼雪夫斯基的《美学与生活》。

新中国成立前，西方美学最重要的译介者，当属朱光潜。他在 20 世纪二三十年代著译的《给青年的十二封信》《变态心理学派别》《文艺心理学》《谈美》《变态心理学》《诗论》，克罗齐《美学原理》和《克罗齐哲学述评》等书中，介绍了西方 19、20 世纪的部分美学流派、学说，以克罗齐的直觉说为主，也包括费肖尔、里普斯等人的“移情说”和布洛的“距离说”，以及与美学相关的弗洛伊德、荣格等人的心理学说。正如上一章已提到的，朱光潜对西方美学理论的译介，出发点是为了论证和发展中国传统的文艺思想，选择的对象自然也是与之相适应的唯心主义思想，过程当中更免不了误解和曲解，因此从范围、深度和客观性方面都还有很大不足。

美学在新中国获得重视，主要有以下三方面原因。

首先是审美教育，即美育，本身的社会功能。美育的历史，可以追溯到古希腊的柏拉图、亚里士多德，以及中国的孔子、孟子等。近代对这个概念的提出及系统的阐述，最重要的人物是席勒，他提倡通过审美教育，给予人以个性的自由、精神的解放和人格的尊严，最终实现政治自由和社会改造。马克思在《手稿》中体现出来的人道主义思想，乃是对其的继承；出于对“改变世界”的强调，马克思更将审美教育的内容和领域，扩大到生产劳动、社会生活和革命斗争。这一方面被此后的无产阶级革命家，在社会主义政治、意识形态语境中，大大地发展了。列宁赋予文艺以党性、阶级性和人民性的原则，将党的出版物（在中国一直被理解为“党的文学”）看作革命机器的“齿轮和螺丝钉”。斯大林则将作家和教师称为“人类灵魂的工程师”，可以像对待机器一样，设计、生产、调试和改造人和人的灵魂。

其次是美学与文艺理论和哲学的天然联系，也使得其在其他学科的发展中被带动起来。这一时期文艺界领导人周扬在指导文艺批评工作时就提出，“应注意建立新的美学观点……文艺的特点，就是通过唤起美感的形象，来用共产主义精神教育人民，并培养人民新的审美观念”①。朱光潜也多次强调，学文艺和哲学的人，不懂一点美学是不行的。事实上，这一时期研究美学的学者，基本上同时也都是文艺理论和哲学专业、机构的研究者。其美学论文、译文也都发表在文艺理论、哲学刊物，如《新建设》《哲学研究》《文学批评》《哲学译丛》《文艺理论译丛》（京沪两地的两种）、《古典文艺理论译丛》《现代文艺理论译丛》《学习杂志》等。最重要的是，该期美学研究中的问题，大都与同期的文艺理论和哲学领域的问题相关乃至相同，比如美学的哲学基础（即哲学研究中的理论是否可以

① 周扬.周扬文集（第三卷）[M].北京：人民文学出版社，1990：30.

照搬到美学中来)、美学史的继承问题（与哲学史的继承问题是类似的)、"革命的现实主义和革命的浪漫主义相结合"（简称"两结合"）、形象思维、典型论，等等。

再次是这一时期中国领导人对于文艺理论和实践以及相关的美学研究的重视，以及建构独立的马克思主义意识形态的倾向。如果说苏联的马克思主义以经济决定论作为其核心思想，那么中国特色的马克思主义，即毛泽东思想，则以高扬人的主观能动性作为其典型特征。这种理念在文艺实践中的体现，是文艺运动的盛行和文艺思潮的高涨，其典型代表就是"大跃进"期间的"新民歌运动""文艺普及"和"全民创作"运动，和相应的"两结合"（"革命现实主义和革命浪漫主义的结合"）理论，以及"文化大革命"期间打造的八个样板戏，和相应的"三突出"文艺理论等。

除了毛泽东以外，马克思主义文艺理论家、美学家出身的周扬，也致力于发展不同于苏联的、中国独立的文艺和美学理论。1958 年，他亲自在北京大学做了两次报告，题目分别为《建设中国自己的马克思主义的文艺理论和批评》① 和《建立中国的马克思主义美学》②。中国五六十年代美学讨论的顺利展开，美学专业的创办，美学人才的培养和美学教科书的编写，无不与他有着密切的关系（本章和下一章都会谈到)。

然而中华人民共和国成立之初，中国的美学研究，仅仅作为哲学学科下面的一个冷僻的方向，不大受人注意，基础也相当薄弱。整个 20 世纪 50 年代，中国没有一所大学或研究所设有美学专业或美学教研组。这方面的中老年学者，如朱光潜、邓以蛰、宗白华、蔡仪、王朝闻、洪毅然等，大都是从事外国文学、中国哲学、文艺理论以及专门艺术如美学、绘画、雕塑等方面的教学、研究工作；

① 周扬.周扬文集（第三卷）[M].北京：人民文学出版社，1990：29－42.

② 同上，第 60－66 页。另参见：罗银胜.周扬传 [M].北京：文化艺术出版社，2009：278.

对美学有兴趣的年轻学者，如汝信、叶秀山、李泽厚、马奇、阎国忠等人，也几乎都从事文艺理论和哲学方面的教学、研究。虽然这些专业和美学有着相当密切的联系，但并不能完全代替美学回答一些为其特有的问题，比如美的本质、美学研究对象、审美教育等。

在美学资料、教材上，无论是中国美学史、西方美学史还是马克思主义美学理论，都很缺乏。在西方美学史方面，汝信、杨宇在其20世纪60年代初期所著的《西方美学史论丛》一书序言中写道，“西方美学史过去在我国是一门空白学科，基础很差，资料缺乏，这为我们今天研究这门科学造成了一定的困难”①。在马克思主义美学论著方面，除了原有的少数俄国19世纪的美学著作外，只有在20世纪50年代中期之后，才开始较多地翻译苏联当代的美学文章和著作，如苏联高教部的美学教学大纲，苏联援华“专家”斯卡尔仁斯卡娅的《马克思列宁主义美学》，苏联科学院编著的《马克思列宁主义美学概论》，以及法国学者列斐伏尔的《美学概论》等著作②。但是仅靠这些，依然是远远不能满足美学研究的需要的。

在这种情况下，为了建立中国的马克思主义美学学科，除了通过下一章将要考察的美学讨论外，周扬等人领导的中宣部采取了以下三种措施。首先是于20世纪60年代初，在北京大学和人民大学相继成立了中国最早的两个美学研究机构，开始培养一批年轻的美学助教和学生；多次举办美学讲座、培训，邀请国内这方面的著名学者以及苏联援华专家担任主讲，对象是来自全国各高校和研究机构的年轻教师。其次是在上文所说的文艺理论和哲学领域的多种刊物、丛书上，发表美学著作和译作；尤其在西方美学史方面，委托外国文

---

① 汝信，杨宇.西方美学史论丛［M］.上海：上海人民出版社，1963：8.

② 参见：刘宁，李世涛.参加王朝闻教授《美学概论》编写活动（1961—1981）的回忆——刘宁先生访谈录［J］.文艺理论研究，2008（3）：129—136.胡经之，李世涛.杨晦、周扬与文学理论教材建设——胡经之先生访谈录［J］.云梦学刊，2006.（3）：17－21.

学、哲学方面的著名学者，翻译从柏拉图、亚里士多德到康德、黑格尔的大部头经典著作。最后是在20世纪60年代上半期的大学文科教材建设中，为美学专业编写了三本教材：王朝闻主编的《美学概论》、朱光潜独撰的《西方美学史》以及宗白华主编的《中国美学史》。

3.2 朱光潜的译介工作与美学学科建设

在中国建设美学学科的过程中，朱光潜这位从20世纪30年代开始就开始进行美学著述的学者，得到了官方，尤其是周扬本人的高度重视。在其“文化大革命”期间所写的《自我检讨（二）》中，朱光潜这样交代他在新中国成立后的美学翻译、研究工作，及其与周扬的关系：

“他（周扬）指使我再搞解放后就已丢开几年的美学，参加国内持续五六年的美学讨论，翻译莱辛和黑格尔之类西方资产阶级美学名著；后来他又和北大商量，把我调到哲学系工作，开西方美学史，指导美学组的青年教师和研究生；1962年他邀我参加了文科教材会议，由会议决定让我编写西方美学史的教材和资料附编；另外他还叫我代冯至主编北大西语系所编选的《西方资产阶级关于人道主义和人性论的资料》。在1956年之后十年之中，我的编写和翻译工作乃至教学工作，都是由周扬亲自插手安排的。这十年之中我所编写和翻译的总量在两百万字以上，我勤劳地忠实地执行了周扬所交给我的一切任务。”①

这样，在上述美学学科建设的诸方面，即美学讨论、创办北大美学研究所、培养年轻教师、整理美学资料以及编写美学教材等过

① 朱光潜.欣慨室随笔集［M］.北京：中华书局，2012：265.

程中，朱光潜都发挥了相当的作用。这里我们简单回顾一下前三个方面，再就朱光潜《西方美学史》一书的编写进行详细考察。

北大美学研究所创办于1960年，隶属于哲学系。根据专门从事当代美学学科史、教育史的学者李世涛对当时美学研究所的年轻老师（都已年过古稀）的访谈，可以了解到：在这之前，朱光潜主要在北大西语系教高年级翻译课，“只是在哲学系开一些美学讲座、专题，基本上介绍黑格尔、康德等西方美学”①；创办之初，“除了朱先生、宗先生外，其余的教师大都是从其他专业转入美学教学的，还有一部分则是从刚毕业的学生中选出来的助教”②。在周扬和北大校方的指示下，朱光潜被借调到哲学系，并获得了一名助手夏珉（艾珉），后者辅助朱光潜从事教学、研究活动，同时也接受朱光潜在美学、文艺理论方面的指导。

朱光潜教授的西方美学史课程，是一门全新的，同时也是核心的课程。本来只是面向美学所的一些年轻教师和其他系的少数研究生，实际上却有不少听课者从外校乃至外地慕名而来，以至于油印的讲义变得非常抢手③。朱光潜又带了两个助教，即阎国忠和李醒尘，叫他们一方面“在原理、历史和外文等方面打好坚实的基础，定一个三年规划”④，另一方面提前确定方向，前者重点研究法国18世纪美学，后者则重点研究德国古典美学。阎国忠后来这样回忆跟朱光潜学习的方式：

“我的任务是协助朱先生整理有关西方美学史的资料，为学生做

---

① 刘宁，李世涛.参加王朝闻教授《美学概论》编写活动（1961—1981）的回忆——刘宁先生访谈录［J］.文艺理论研究，2008（3）：130.

② 李世涛. 一本教科书与一个学科的奠基——《美学概论》编写活动的学术意义［J］. 艺术百家，2008（1）：58.

③ 吴泰昌.我认识的朱光潜［M］.上海：上海文艺出版社，2008：142.

④ 李醒尘，李世涛.中国第一部美学教材《美学概论》的编写与出版［J］.河北学刊，2010（5）：257.

课外辅导。朱先生的每段译文都先交到我的手里，由我安排去誊抄；朱先生的课不仅去听，而且要做详细的笔记，译文中或课程中有什么问题，可以利用每周一次的见面机会当面向朱先生请教。到了1963年，朱先生特意安排了一次课，让我试讲，内容是18世纪法国启蒙运动的美学。”①

此外，他还在家中给不少学生提供集体或个人辅导，如在他的译著如《柏拉图文艺对话录》上标出重点，指示学生多读几遍；学生有问题，提前写好交给他，到约定的上课时间，他当面作答②。对文学专业的学生，他称“懂一点美学有好处，至少写起理论、评论文章来可以从美学欣赏角度出发，将理论文章写得活泼生动些”③。中国美学界同代或者下一代成就较大的学者，因为参加这一时期在北京组织的多次文艺理论和美学培训、讲座和教材编写活动，基本上都听过朱光潜的课，或受过他的指导。

不光在美学史知识方面，朱光潜在美学史研究的一种基本手段——翻译上也给予了特别的重视。比如后来成为人民文学出版社编审、资深翻译家的夏玟，就回忆了朱光潜对她在这方面的专门训练：

“翻译当时不是我的主攻方向，但朱先生没有忽视这方面的训练。他不时让我做些翻译练习，且亲自批改。他说翻译是提高外语水平的好办法，你自以为理解了的东西，一落到文字上却常常暴露出并未透彻理解，这样就能迫使你在钻研原文上多下功夫。他告诉我：‘翻译的第一要领是吃透原文。只有尚不理解的，没有不可翻译

① 阎国忠.攀援——我的学术历程（上）［J］.美与时代（下旬），2012（6）：6.
② 吴泰昌.我认识的朱光潜［M］.上海：上海文艺出版社，2008：142.
③ 同上。

的。你若觉得某些句子难以言传，或译出来别扭，首先要考虑是否把原文吃透了。每本书都有它的难处，遇到这种地方，千万不能连猜带蒙地混过去，你硬着头皮把他攻下了，水平就提高了。'他还说：'扎实的外语基础仅仅是从事文学翻译的前提条件，而功力的深浅却与知识水平、文化修养、生活阅历、感受能力，乃至感情的细腻程度密切相关。每个外文字都认识不一定能理解，字面上理解不等于理解了其内涵，只有全面地理解了作者，才能吃准他每一个词。每一句话的潜在含义。'朱先生不喜欢文字花哨，而是强调译文的清晰易懂，他说：'清晰本身就是一种美。'朱先生的译文给人的突出印象正是清晰。像黑格尔《美学》这样的作品，很难想象有人比朱先生译得更加清晰畅达。"①

相比以上两个方面——创办美学所和培养年轻教师，参加了美学讨论的朱光潜对美学资料的缺乏给美学研究带来的问题感触最深：

"我也逐渐看到美学在我国的落后状况，参加美学论争的人往往并没有弄通马克思主义，至于资料的贫乏，对哲学史、心理学、人类学和社会学之类与美学密切相关的科学，有时甚至缺乏常识，尤其令人惊讶。因此我立志要多做一些翻译重要资料的工作。"②

相对于中国古代美学史和苏联当代美学论著，西方美学史不但资料较难获得，编选、翻译起来难度也更大些。为此朱光潜在教学之余，主要从事西方文艺理论、美学史著作的翻译。二十卷的《朱光潜全集》中，译作占了一半，几乎都是西方经典著作，且绝大部分是 1949 年后译的。他这一时期的资料编译工作，除了出版的大部

---

① 艾珉.忆朱光潜先生和我的师生情谊［J］.新文学史料，2007（2）：80－81.

② 朱光潜.朱光潜全集（第一卷）［M］.合肥：安徽教育出版社，1987：7.

头原著全译或摘译，如柏拉图《文艺对话录》，莱辛《拉奥孔》，黑格尔《美学》第一、二卷，以及少量马克思主义文艺理论、美学著作外，还有两个重要的成绩。

其一是他为编写《西方美学史》而选译的大量资料附编，对此下文会有详述，但有一点却有必要先提一下。当时《美学概论》的主编王朝闻，因为文献的缺乏，不得不召集了一批人，专门负责收集、编选和翻译马、恩、苏联、中国和西方古典和现代的美学著作；其中西方美学史的资料，就是朱光潜选译的、当时尚未发表的这些资料，他毫无保留地提供出来，给《美学概论》一书的编写工作带来了不少便利①。

其二是担任《文艺理论译丛》《古典文艺理论译丛》的编委。学者柳鸣九认为这两套译丛“全面地、精到地译介了从古希腊罗马一直到20世纪整个西方文艺批评史中的名家、名著、名篇”②。事实上，其多达五百万字的译文，后来多数被编入作为中国当代外国文学研究“三套丛书”中的“外国文艺理论丛书”。时任译丛编辑的他，这样回忆朱光潜在刊物中的作用：

“在编委会中，朱光潜和钱锺书一样，也是一位特别重要的编委，在工作上也得到我的上司、主编蔡仪的格外尊重，……他在《古典文艺理论译丛》上贡献甚多，出力不少。如建议选题选目、推荐译者、审定译文以及提供自己权威性的译稿，他所译的黑格尔《美学》，就是提前在这刊物上面世的，他还特别为美学问题的专号赶译了德国19世纪后期著名的心理学家、美学家里普斯的长篇论文《论移情作用》。”③

---

① 杨辛，李世涛.1950年代的中国美学研究［J].河北学刊，2010（2)：250.

② 柳鸣九.“翰林院”内外［M].上海：上海文艺出版社，2008：45.

③ 同上，第46页。

3.3 《西方美学史》及其“资料附编”

中国美学专业在建立之初，相比其他专业，力量“最薄弱、也没系统的教材和教学大纲”①。20 世纪 60 年代初，在大学文科教材编写活动中，朱光潜在上课讲稿的基础上，用两年时间独立编成一本《西方美学史》，这是“文化大革命”前出版的唯一一部美学教材。上册于 1963 年出版，次年即重印一次，同时出版了下册；“文化大革命”后朱光潜作了少量增补后出了修订版，至今仍在发行。在 1949 年后的朱光潜本人的所有著译中，该书的影响当属最大。朱光潜自己也说：“《西方美学史》是我回国后头二十年中唯一的一部下过功夫的美学著作。”②

这本书内容极其丰富，但笔者只打算从三个较小的方面进行讨论：资料整理与朱光潜的撰史方式，美学流派的选择、评价标准和对美学遗产的继承态度。在讨论之前，还要专就文艺、哲学、美学的历史撰述，先简单介绍两个背景知识。虽然朱光潜《西方美学史》一书中并未提到这两个背景，但无处不体现出与其展开对话，并做出自己选择的意识。

首先是 1947 年苏联日丹诺夫对该国学者亚历山大洛夫的《西欧哲学史》一书的批判讲话③。在这次批判之后，《西欧哲学史》一书就长久地销声匿迹了，然而这篇讲话却影响深远，原因是日丹诺夫借这次批判，较为详细地陈述了斯大林和他本人对哲学史研究的意见。意见主要有以下方面：哲学史研究的对象是唯物主义对唯心主义

---

① 刘宁，李世涛.参加王朝闻教授《美学概论》编写活动（1961—1981）的回忆——刘宁先生访谈录［J］.文艺理论研究，2008（3）：130.

② 朱光潜.朱光潜全集（第九卷）［M］.合肥：安徽教育出版社，1993：565.

③ 亚历山大洛夫. 西欧哲学史［M］.王永江，等，译.北京：商务印书馆，1989：i－xvi.另参见：日丹诺夫. 论文学与艺术［M］.戈宝权，等，译.北京：人民文学出版社，1959.

进行斗争的历史；哲学史研究应以现时所达到的辩证、历史唯物主义的成就为准则，并发展这些成就；马列主义哲学是对旧哲学在质上的革命和终结，而非量上的更替或发展，从党性和阶级性原则出发，对旧哲学尤其是德国唯心主义哲学，应予以坚决的否定，而非调和甚至崇拜；哲学史研究是一条战线，应与现时任务直接联系，对其进行说明，而非客观主义的、消极观察的、学院式的研究；哲学思想的发展和适用程度，根本上取决于物质生活条件，超历史性是不存在的，独立性也只是相对的。这篇讲话随即成为苏联哲学界（也蔓延到人文、社科各领域）历史研究的准则，尽管20世纪50年代中期后不再在实际的历史撰述中被遵守，但很长时间内（直到60年代中期）其并未受到质疑。

该讲话很快（一个月后）通过报道和译文进入中国，在中华人民共和国成立初经过官方组织的讨论和学习①，被中国哲学界视为苏共中央关于哲学史研究的原则性指示②。从此中国除了“双百”时期少数学者发表不同看法之外，基本套用这种规范；即使50年代末之后中国对苏联的态度发生了转变，这种规范依然在之后的若干年中被奉为圭臬。

其次是60年代上半期，中国文化、教育领域的另一种思潮，即对上述日丹诺夫式的规范进行反拨，并强调专业化、正规化的学术研究方式。正如苏联在50年代中期开展“反对个人崇拜下的教条主义、公式主义”运动后，文化领域展示出来勃勃生机一样，中国也在60年代初对于50年代文化、教育领域（当然经济、政治领域更加突出）的激进思潮进行了调整。其中一个突出体现就是周扬主持

① 中国新哲学研究会.讨论日丹诺夫关于亚历山大洛夫《西方哲学史》的发言［J］.新建设，1950（1）：73－79.

② 乔清举.中国哲学史学科引入与接受“日丹诺夫模式”始末考［C］//刘泽华，罗宗强.中国思想与社会研究（第一辑）.北京：中国社会科学出版社，2007：14.

的高校文科教材编写活动。他对于整个项目的指示包括：以少量教师、专家为主体，采用主编负责制，拒绝大规模集体编撰；以业务为主，政治为辅，既要红更要专；观点和材料要统一，研究历史要从史料开始，拒绝以论带史；古今中外比重应恰当，反对一般的“厚今薄古”；兼收帝国主义、资本主义、修正主义的资料，保留其中的有用成分，而将有害成分作为反面教材来参考；坚持“双百”方针，拒绝粗暴批评①。

此外还值得一提的是，周扬本人对美学教材的编写予以了特别关注，比如认为美学“底子差，找不到人”，因此教材编写者“先要搞资料”，“不要凭空讨论，把过去人家对美的解释都摆出来，不要光摆中国的，先看看人家是怎样讲的，怎样争的”②；在中苏关系逐渐破裂，苏联五六十年代的理论被看成修正主义的环境下，他坚持美学教材编写组应对苏联该期的美学讨论进行认真研究，客观分析，既不盲从，也不完全否定③。

3.3.1 资料整理、翻译与朱光潜的撰史方式

在初版的“编写凡例”中，朱光潜指出，编写这本教材的主要动机，是为了应对当下西方美学资料和教材短缺的现状，并综合考虑了各种读者的需要：

“如果只顾到学生，本编的分量显然过多。但是考虑到西方美学原著和美学史的汉语译本还太少，教师搜集资料不容易，如果单凭一部简略的课本，势必遇到困难，影响教学质量，同时也考虑到一般

① 周扬.周扬文集（第三卷）［M］.北京：人民文学出版社，1990：302－322.

② 周扬.周扬文集（第四卷）［M］.北京：人民文学出版社，1991：141.

③ 刘宁，李世涛.参加王朝闻教授《美学概论》编写活动（1961—1981）的回忆——刘宁先生访谈录［J］.文艺理论研究，2008（3）：135.

文艺理论工作者有比较深入了解西方美学思想发展的要求，因此用了较多的篇幅，力求把所介绍到的思想流派和问题症结交代清楚。”①

然后，朱光潜交代了该书的编写方法，是先选择和翻译所需的资料，再进行编写：

“笔者在工作过程中所采取的程序是，先大致摸清每章的原始资料，把能说明问题的部分择要选译出来，作为本编的附编，然后进行编写。编写者从实践中体会到这个程序有很多优点，它使史有实据，不致凭空杜撰或摭拾道听途说。编写者力求根据原始资料作忠实的介绍，并且尽量用作者的原文；只有在原始资料难于搜集时，才偶用第二手资料。在编写过程中也参考了一些西方美学史和文学批评史，但总是在自己尽量研究过原始资料进行过一番思考之后，才参考过去的著作，用来纠正和补充自己的原来看法。它们的用处往往在于指出线索去找被忽视的论点和资料。”②

这里说到的“资料附编”，上文中也曾提及，该期没有出版，因“文化大革命”故没有完成，部分译稿在其间散失，剩余的被《美学概论》编写组的李醒尘，汇入他人的译文，编成《西方美学家论美和美感》一书。朱光潜在修订版《序论》中称，“笔者在工作过程中，在搜集和翻译原始资料方面所花的功夫比起编写本身至少要多两三倍”。③《朱光潜全集》中还收入了朱光潜原先为出版这本附编而写的“编选凡例”，其中强调该资料附编，除了论证《西方美学史》一书之外，还可以对其观点起补充的作用：

① 朱光潜.朱光潜全集（第六卷）[M].合肥：安徽教育出版社，1990：3.
② 同上，第3－4页。
③ 同上，第17页。

“这个选本主要是按照《西方美学史》的分章，选译各时期的代表作家的代表论著，用意一方面是替《西方美学史》的论点提出根据，一方面是让读者接触到一些第一手资料，以便进行独立研究和思考。为着这后一个目的，选译的面比《西方美学史》所直接涉及的略微宽一点，这特别表现在文艺复兴时代，英国经验主义以及法国启蒙运动各章。”①

朱光潜还特别交代了翻译过程本身的问题：

“印在本编的论著都是特别为本编新译出的。其中入选的也有几种全书译文已在国内出版，容易查到而且基本正确，就不必再译再印，只须列一个选目供读者搜查，……其中也有很多种虽已有译文以单行本或报刊的形式发表过的，我们还是从新译过。这并不意味着我们的译文就比旁人的译文好，而是因为译专业书籍，首先要求对语言的正确掌握，其次要求对专业知识的正确掌握，这两方面有时不易结合，因而替读者造成了一些困难。有一些西方经典著作，在理解方面，在西方也就久有争论（例如亚里士多德的《诗学》和康德的《判断力的批判》），重要的译著如果多有一两种译文，让读者参校，对他们理解作者的原意是大有帮助的。……限于篇幅，大部分是摘译，但力求避免断章取义，篇幅不太长的则译全文。为着便于读者理解，编者在必要时作了一些小注，其中有些是注释性的，也有些是启发性的。”②

上面提到的“第二手资料”，即“一些西方美学史和文学批评史”，也被朱光潜在《西方美学书》附录中，与西方美学论著选集和重要美学论著一道列出，并一一给予评述。这些美学史和文学批评

① 朱光潜.朱光潜全集（第七卷）[M].合肥：安徽教育出版社，1991：518.
② 同上，第519页。

史中，除一部为苏联学者编写之外，其余都为欧美资产阶级学者所著。而其叙述的出发点和得出的论点，不光有在中国受到猛烈批判的“直觉说”（克罗齐），形式主义与表现主义（鲍申葵），以及“移情说”（李斯托威尔），还有在中国不大为人知的、和马列主义文论几乎截然对立的英美“新批评”理论（韦勒克）。对于韦勒克的《近代文学批评史》一书，朱光潜认为虽然“观点仍然是资产阶级的”，然而“在文学批评史著作中，这部是后来居上的”①。这样，通过利用这些文献来“纠正和补充自己的原来看法”和“指出线索去找被忽视的论点和资料”，朱光潜得以使自己的著作变得更加全面和客观。

此外，朱光潜在《西方美学史》中，还较多地参考了苏联的美学史著作。其中不但多处引用了苏联美学史研究领域成就最大的学者阿斯穆斯关于希腊、罗马古典美学的观点，更在论 19 世纪俄国革命民主主义美学家——别林斯基和车尔尼雪夫斯基的章节中，带入了苏联当下对这两者的研究问题、争论和成果，并用一种参加辩论的姿态，提出了自己的观点。为此，他不光阅读了苏联这一时期的期刊、书籍（在《西方美学史》的注释中可见），还向不久前留学苏联的刘宁请教“苏联美学界和一些专家的情况”②，甚至还请人翻译了苏联学者写的西方美学史③。

最后，他在《西方美学史》初版《序论》再次强调这一点：

“这部或另一部美学史只能是一种导游书。读导游书有助于亲自游历，但是不能代替亲自游历。要理解亚里士多德或是黑格尔，只凭别人介绍，都难免捕风捉影，必须尽可能亲自读一读他们的原著。”④

---

① 朱光潜.朱光潜全集（第七卷）［M］.合肥：安徽教育出版社，1991：417.

② 刘宁，李世涛.参加王朝闻教授《美学概论》编写活动（1961—1981）的回忆——刘宁先生访谈录［J］.文艺理论研究，2008（3）：136.

③ 杨辛，李世涛.1950 年代的中国美学研究［J］.河北学刊，2010（2）：252.

④ 朱光潜.朱光潜全集（第七卷）［M］.合肥：安徽教育出版社，1991：14.

倘若现在看来，这种先资料再编写的研究方式，并无突出之处，然而倘若考虑到《西方美学史》一书的时代背景，就不难看出他这种做法的可贵之处。

《西方美学史》虽然20世纪60年代才成书，但其雏形早在50年代末朱光潜的上课讲义中就已出现了。而此时中国史学界在特殊背景下提出了“史学革命”，其中最著名的口号之一就是“以论带史”。然而这种“论”，并非指作为一个整体、体系的马克思、恩格斯的理论和著作，而往往指日丹诺夫讲话中所说的“现时所达到的辩证、历史唯物主义的成就”，即列宁、斯大林、毛泽东各自对马克思主义进行的阐释和发挥，苏联、中国官方对这些著作的典籍化（比如全集、选集的编辑，不同文本地位的排序，关键篇章、段落甚至语录的提取等），以及根据现实需要形成的各种定义、概念、公式等。“以论带史”因此极容易发展成“以论代史”，即取消历史本身的价值，而将其变成实际的需要、自上而下的政策和固化的教条的注脚、论据。

朱光潜的美学史虽然采用了马克思主义观点，并且随处可见导师语录，然而这并不表示其与“以论带史”的做法有多少共同点。我们多次论述过，对于马列主义著作和观点，朱光潜从来不力求追随官方、主流的阐释，而总是基于自己独立的判断和选择，在为自己的论述提供依据的同时，驳斥他人对马列主义的断章取义、庸俗化和教条化。这与其说是周扬等人和大学文科教材编写宗旨的要求，不如说是朱光潜本人一贯的治学方式。1949年之前，为防止在《文艺心理学》和《克罗齐哲学述评》两书中对克罗齐的误解或歪曲，他翻译了其《美学原理》一书；在他年过八十之时，为检讨自己在《西方美学史》一书中对维柯评价的不足，他又将其难度极大的著作《新科学》翻译过来；对于当时《西方美学史》中对叔本华、尼采等人刻意避而不提，他到20世纪80年代请学生张隆溪将自己早期著作《悲剧心理学》翻译成中文，以“略可弥补前愆，作为认罪的表示”①。

3.3.2 美学流派的选择、评价标准

接下来，在初版“编写凡例”中朱光潜陈述了他对美学史上思想、流派的选择标准：

“编者把重点摆在忠实介绍上，但是忠实介绍并不等于客观主义，绝对不加批判也就不能做介绍的工作，因为介绍一个时代或一个人的思想，不可能把它和盘托出，总得有去取，有去取就有选择标准。本编的选择标准主要有两个：一个是足资借鉴，所以选择来介绍的大半是些带有积极意义的经典性的论著；另一个是代表性较大，影响较深远，有助于说明历史发展的源流线索，这中间除掉正面性的东西之外，还要包括一部分反面性的东西，例如新柏拉图派和克罗齐。这些反面性的东西不仅可以当反面教员，也还可以帮助理解正面性的东西。一般地说，在过去的美学家之中，正确的思想总是在和错误的思想斗争之中才形成的，而且正面与反面的分别也只是相对的，没有人是完全正确的，发生过深远影响的人也很少有毫无可取之处的。正确地对待他们，须根据马克思主义的观点对他们进行分析批判，去伪存真。”②

与从资料到写作的方法类似，朱光潜在此提出的“忠实介绍”的原则，两条编选的标准，同样只是撰史的基本前提。然而倘若我们将其对比一下日丹诺夫在这方面的论述，和这种精神指导下苏联在华专家斯卡尔仁斯卡娅在人民大学美学史课程上的讲稿《马克思

① 朱光潜.朱光潜全集（第二卷）［M］.合肥：安徽教育出版社，1987：210.
② 朱光潜.朱光潜全集（第六卷）［M］.合肥：安徽教育出版社，1990：4.

列宁主义美学》——翻译、出版后成为中国20世纪50年代唯一的，也是影响较大的一本美学教材——便可找出明显的差异。下面将会看到，这些差异并非体现在次要的方面，或出自作者的主观因素，而是源自美学史研究方法、观念上的根本差异。

日丹诺夫将美学史定义成唯物主义对唯心主义斗争的历史，斯卡尔仁斯卡娅全书基本按照这种方式展开，依次为：古希腊德谟克利特、亚里士多德的唯物主义与柏拉图的唯心主义，文艺复兴早期达·芬奇、拉斐尔、米开朗琪罗的现实主义（及其人道主义思想来源）与后期的“风格主义”（即形式主义），笛卡尔、布瓦洛的法国古典主义，启蒙运动时期狄德罗、莱辛的唯物主义，康德、黑格尔的唯心主义，俄国19世纪以革命民主主义者别、车、杜为代表的唯物主义、现实主义。日丹诺夫谴责亚历山大洛夫“在他所著的教科书中宣传对哲学敌人的慈悲观念，这种宣传无疑是替学院派伪客观主义效劳”，“在批评某个资产阶级哲学家以前，总是‘颂扬’他们的功绩，向他们焚香顶礼”①。因此斯卡尔仁斯卡娅不但以拒斥的态度和凌厉的语言，对上面的唯心主义、形式主义美学流派进行批判，而且这种态度也在篇幅分配上体现出来：从柏拉图到康德、黑格尔的唯心主义美学，加起来才及俄国唯物主义、现实主义美学所占篇幅的一半，而中世纪经院哲学下的美学思想，则完全被省略掉了。

在这些方面朱光潜表现得则很不一样。《西方美学史》表面上就日丹诺夫式的对“客观主义”的批判表示认可，并声称该书没有这种嫌疑，因为作者是有明确标准的，比如选择“足资借鉴”的和“带有积极意义的”。实际则不然，因为一方面，“足资借鉴”的并非就是日丹诺夫的“唯物主义”美学理论，另一方面，朱光潜更看

---

① 日丹诺夫. 论文学与艺术［M］.戈宝权，等，译.北京：人民文学出版社，1959：53.

重的，其实是另一条标准——“代表性较大，影响较深远，有助于说明历史发展的源流线索”。这从朱光潜的修订版序言中可以看出，其中他将对美学流派的选择标准合二为一，同时调整了排序，将“代表性较大，影响较深远，公认为经典型权威，可说明历史发展线索”① 的标准放到前面。

朱光潜的这种选择、评价标准，在全书正文中得到了落实：《西方美学史》重点研究的对象中，包括了不少在斯卡尔仁斯卡娅一书中没有位置的时代、流派和人物，如中世纪的奥古斯丁、阿奎那、但丁，英国经验主义派的培根、霍布斯、洛克，意大利历史哲学派的维柯，德国古典主义美学家歌德、席勒，近代心理学派（即“移情说”）的代表人物以及克罗齐等。此外，按照历史撰述的惯例，对象的重要性越大，所占的篇幅则越多：《西方美学史》中，德国古典美学四大家即占了全书的四分之一；四人地位的排序也不同于马克思主义经典作家的定评，比如康德就超过了黑格尔。

3.3.3 对历史遗产的批判与继承

西方哲学、美学遗产的继承，也是朱光潜一直在思考的问题。在中华人民共和国成立初期，为学习日丹诺夫的哲学史讲话，中国新哲学研究会组织了两次级别最高的讨论会，朱光潜都参加了。他在会上发言不多，唯独就哲学遗产的批判继承，表明了自己的保留态度：“哲学体系是整个的，是不是可以把其中某些部分去掉，某些部分留下？例如‘我思故我在’这个命题，是否可以把它从整个体系中割离而摄取其中的一部分呢？”② 这明显是针对日丹诺夫所持的相对主义的乃至虚无主义的历史观而言的。这从日丹诺夫的原话中不难看出：

---

① 朱光潜.朱光潜全集（第六卷）[M].合肥：安徽教育出版社，1990：18.

② 中国新哲学研究会.讨论日丹诺夫关于亚历山大洛夫《西方哲学史》的发言[J].新建设，1950（1）：75.

“……他（亚历山大洛夫）忽视了马克思主义的一个大家都知道的原则，就是同一思想在不同的具体历史条件下，可能有不同的性质，在某一种条件下是进步的，另一种条件下是反动的。作者抹杀了这个问题，就是故留洞穴让那些所谓思想具有超历史性的唯心主义观点能偷运进来。……作者是迷误到哲学思想发展具有独立性和超历史性的观点上去了，而这种观点就是唯心主义哲学具有的特别标志。”①

在1957年“双百”期间，北京大学哲学系组织了一次全国范围的中国哲学史座谈会，讨论内容主要是对唯心主义的评价和哲学史的继承问题②。虽然会议多数人偏向列宁的哲学党性原则和日丹诺夫的唯物主义、唯心主义斗争论，但贺麟和陈修斋却坚持“唯心主义哲学里也有好东西”，冯友兰则提出了对哲学史的“抽象继承法”。朱光潜的发言是《谈思想两栖》③，他提出“唯物主义就是进步，唯心主义就是反动”的两分法是一种“贴标签放在框子里的方法”，是“庸俗社会学”和“教条主义”的；每种哲学思想都对历史传统进行了复杂的继承，因此对其评价不应是形而上学的，而应从矛盾发展的观点来进行。两年之后形势发生了变化，关锋撰文发表《反对哲学史工作中的修正主义》④，对这类异样声音展开严厉批判，贺麟等人不得不为此做出检讨。

然而朱光潜从20世纪60年代初开始写作的《西方美学史》中，却看不到对《谈思想两栖》中的言论进行调整的迹象。在初版《序论》中，朱光潜将美学遗产的继承问题和美学思想发展的规律，以

① 日丹诺夫. 论文学与艺术［M］.戈宝权，等，译.北京：人民文学出版社，1959：96.
②《哲学研究》编辑部.中国哲学史问题讨论专辑［C］.北京：科学出版社，1957.
③ 朱光潜.朱光潜全集（第九卷）［M］.合肥：安徽教育出版社，1991：70－71.
④ 关锋.反对哲学史工作中的修正主义［J］.哲学研究，1958（1）：1－25.

及美学史研究的方法联系起来。和斯卡尔仁斯卡娅在其书中的提法一样，朱光潜承认，研究美学史须以辩证唯物主义和历史唯物主义为指导，即文艺是一种社会意识形态、上层建筑，反映社会经济基础并为之服务。斯卡尔仁斯卡娅认为“反映”和“服务”的两点原则就完全足够了，然而朱光潜却认为，历史唯物主义原则中还应包括第三点，即各种社会意识形态互相影响。虽然朱光潜声称这个原则“是比较次要的”，然而这实际才是他强调的方面，为此他花了数倍于前两点的笔墨来论述。他认为，这意味着：

“a. 文艺实践与文艺理论和美学思想的交互影响，

b. 美学与哲学，宗教，伦理等其它社会意识形态的交互影响，

c. 美学从过去传统所承受的影响以及对后来所发生的影响。”①

第一方面指的是理论与实践相结合的问题，即研究美学史，必须了解文学史和一般艺术史；第二方面指的是美学的哲学基础问题，因此还必须基本掌握西方哲学史。朱光潜着重论述的是第三方面，因为这是“美学思想发展本身的问题，也就是美学遗产在各时代的批判继承问题”②。朱光潜一方面承认“美学发展史在大体轮廓上归根到底，总是跟着社会发展史走的”③；另一方面，他又通过举例，证明：

“每个时代对过去传统都‘各取所需’，所取的往往并不恰恰就是传统原来所给的，都多少经过一番革新乃至于歪曲。继承总是经过批判的，这种批判在过去往往不只是理论性的，更重要的是实践方面的需要。凭实际需要的取舍就已经是批判。……从此可见，传

① 朱光潜.朱光潜全集（第六卷）[M].合肥：安徽教育出版社，1990：11.
② 同上，第12页。
③ 同上。

统的线索有相对的独立性，因为在一种社会基础上建立起来的美学理论并不随这种基础的变革而丧失它的作用。……如果忽视后一种（即传统）线索，那就会失去美学这一特殊部门历史发展的特殊性，而且会割断历史本身。”①

将对日丹诺夫的引文和这段文字对比来看，我们不难发现，朱光潜基本上推翻了日丹诺夫关于遗产继承的说法。虽然这一时期大学文科教材编写中对历史批判继承问题也有类似的指示，他这样做实际同样更是出于学术研究中的一贯态度。从新中国成立初反驳蔡仪对其译介工作“使读者染了毒”的评价，到随后对“唯心主义始祖”柏拉图的《文艺对话录》的翻译、评论和较大程度上的肯定，到对克罗齐《美学原理》一书的修订、重评和有限的肯定，再到《西方美学史》中再次对克罗齐及费肖尔、里普斯等“移情说”代表人物进行论述，朱光潜一直在争取对历史遗产进行客观的评价和必要的继承。

当然到了60年代末，他不得不为自己这种思想和行为作出检讨：

“这种轻视批判的思想在《西方美学史》里表现得很突出。……我所介绍的一些美学流派的代表人物绝大多数属于唯心派，其中还有很多是反动的，对他们都把重点摆在介绍上而不摆在批判上，就是让毒草自由泛滥。我对唯心派美学家一般是加以美化的，估价过高的，与其说我对他们进行了批判，还不如说我替他们做了辩护。这也谈不上忠实介绍。关键在于我不但没有和唯心主义划清界限，而且对唯心主义还在留恋，所以不但没有能力批判它，也舍不得批判它。”②

---

① 朱光潜.朱光潜全集（第六卷）[M].合肥：安徽教育出版社，1990：12.

② 朱光潜.欣慨室随笔集 [M].北京：中华书局，2012：268.

然而到了之后《西方美学史》出修订版时，朱光潜在《序论》不但重提遗产继承问题，而且展开了更加详细、具有说服力的论证，由此提出了他对斯大林将上层建筑和意识形态等同起来的说法的质疑。他的主要观点是：相比于上层建筑，意识形态与经济基础的关系并不那么直接；作为一种社会意识形态的文艺，自然也不该被归入上层建筑。

这种观点提出以后，引起极大争议，多数人表示反对；朱光潜本人后来也对这种说法进行了修改，将意识形态重新归入上层建筑，但依然与政治、法律机构等"客观存在"区分开来。现在看来，反驳、批评朱光潜的学者们，往往只看到了他在观点和论证方法上的问题，却忽视了他提出这一观点的真正动机。这实际上从朱光潜的原文中并不难看出：

"各个领域的意识形态都有自己的历史持续性和相对独立的历史发展。这就是说，它要有过去历史留传下来的'思想材料'，而在一定的社会类型和时代的经济基础及上层建筑既已变革之后，前一阶段的意识形态还将作为思想材料而对下一阶段的意识形态发生作用和影响，意识形态的变革一般落后于政治经济的变革，这个事实也是斯大林自己所强调过的。这个事实是历史文化批判继承的前提。就是根据这个道理，列宁严厉地批判了'无产阶级文化派'的割断历史的虚无主义态度，而毛泽东同志也多次强调不能割断历史，对历史文化要批判继承，也正是由于这个道理，上层建筑决不能和意识形态等同起来。"①

① 朱光潜.朱光潜全集（第六卷）[M].合肥：安徽教育出版社，1990：33.

第 4 章

译介作为确立学说的方式

4.1 苏联美学讨论①

中国 20 世纪五六十年代（1956—1962）的美学讨论，和同期苏联美学讨论的主要阶段（1956—1964），在开展时间、研究问题、主要派别和观点上，都存在着惊人的相似。原因之一是，就这一时期在哲学、美学、文艺方面的时代语境和理论资源而言，两国美学界具有相当的类似之处。原因之二便是，在研究问题、主要派别和观点诸多方面，苏联美学讨论对中国同期展开的美学讨论，产生了较大的影响。

因此为了研究这一时期中国的美学讨论，有必要对苏联美学讨论进行一番考察。苏联这一时期的美学讨论，主要关注以下四个问题：艺术的本质、美的本质、美学研究的对象和审美教育。这四个问题无疑都很重要，但相比最后一个问题，其他三个问题在这一时期

① 本节（4.1）乃至本章主要参考了刘宁先生的《五十—六十年代苏联美学界争论的几个问题》一文和凌继尧先生的《当代苏联美学》及 Edward M. Swiderski 的 *The Philosophical Foundations of Soviet Aesthetics: Theories and Controversies in the Post-War Years* 两书，尤其是已故的刘宁先生的论文，本章借鉴极多，特此致谢。参见：刘宁.五十—六十年代苏联美学界争论的几个问题［C］//刘纲纪、吴樾.美学述林（第一辑），武汉：武汉大学出版社，1983：150－207；凌继尧.当代苏联美学［M］.哈尔滨：黑龙江人民出版社，1986；SWIDERSKI E. The Philosophical Foundations of Soviet Aesthetics：Theories and Controversies in the Post-War Years［M］. Dordrecht：D. Reidel Publishing Company，1979.

引起的争论以及对传统主流美学观点带来的改变，则要大得多。因此下面只介绍前三个问题。

4.1.1 问题一：艺术的本质

苏联美学讨论开始的标志是学者布罗夫《艺术的审美本质》一书的出版①。顾名思义，这本书主要论证的便是艺术的本质在于审美。这是针对在苏联学界长期占主流的“艺术社会意识形态本质论”和“艺术认识本性论”（即“艺术形象思维论”）而言的。这两种观点沿袭了黑格尔和别林斯基的观点，认为艺术和哲学的本质是一样的，都是一种特殊的社会意识形态；但艺术是用具体、感性的形象来思维，而哲学是用抽象、理性的概念和逻辑来思维②。

与这两种观点不同，布罗夫并不从形式上，而是从对象、内容和本质上，极力突出艺术的特殊性。他援引马克思《手稿》中“自然的人化”和“人的对象化”的概念，认为艺术的对象就是人的性格和内心生活，而作品中人物和艺术家本人的丰富个性和完整生活，最常见地和最集中地体现在美和审美活动上面的，因此艺术的本质就应规定为审美的；而且与在一般物质实践活动中不同，只有在艺术活动中，审美才成为主导的、充分自觉的特殊功能，因此艺术也就成为审美意识最高、最集中的表现③。

布罗夫的观点，一方面被传统的“艺术社会意识形态本质论”和“艺术形象思维论”学者批判，一方面却得到一批重视文艺审美性的学者的大力赞同，这批学者也因此被称为“新审美学派”④。但

---

① 布罗夫.艺术的审美实质［M］.高叔眉，冯申，译.上海：上海译文出版社，1985.

② 刘宁.五十一六十年代苏联美学界争论的几个问题［C］//刘纲纪，吴樾.美学述林（第一辑），武汉：武汉大学出版社，1983：187－188.

③ 布罗夫.艺术的审美实质［M］.高叔眉，冯申，译.上海：上海译文出版社，1985：144－147.

④ 刘宁.五十一六十年代苏联美学界争论的几个问题［C］//刘纲纪，吴樾.美学述林（第一辑），武汉：武汉大学出版社，1983：189－197.

这批学者对于布罗夫的观点并不全部认同，根据他们各自观点的不同，又可分成两个支派。

一支为“审美特性”（或称“审美属性”）派，以万斯洛夫、斯特洛维奇、鲍列夫等人为代表。他们基本认同布罗夫的观点，但认为艺术的对象并不绝对是人，而主要是现实现象的审美方面，即现实的审美特性或属性①。

另一支为“艺术掌握”派，以涅多希文、塔萨洛夫、戈尔登特利赫特、巴日特诺夫、特罗菲莫夫等人为代表。涅多希文认为，要规定艺术的审美本质，不仅要从艺术对象的特殊性着手，而更要从人对世界的实践、精神掌握的方式，即人对现实的审美关系着手②。塔萨洛夫更进一步提出，艺术掌握不是一种认识活动，而首先是一种创造活动，在此过程中人得以解放自己，揭示、肯定和创造人的本质③。

4.1.2　问题二：美的本质

与艺术的本质这一问题紧密相关的是美的本质，这是美学讨论中的核心问题。根据对这一问题的不同观点，形成了两大派，即“自然派”和“社会派”，“社会派”学者基本上就是上面所说的“新审美学派”学者，因此也有“审美特性”和“艺术掌握”（即“审美掌握”）两支派。

“自然派”的代表人物有德米特里耶娃、柯尔年科、波斯彼洛夫、阿斯塔霍夫、奥甫相尼科夫、别尔米亚尔科夫、里曼采娃、艾里斯别格等。他们沿袭了苏联20世纪三四十年代对美的本质的观点，认为美在于自然、社会及艺术中对象的客观、可感知的特性，

---

① 刘宁.五十—六十年代苏联美学界争论的几个问题［C］//刘纲纪，吴樾.美学述林（第一辑），武汉：武汉大学出版社，1983：189－190.

② 同上。

③ 同上，第191页。

与人无关。正如其批评者所指出的，这派学者在解释美学现象中存在很多问题：单从对象（尤其是自然物）形式上的特征（和谐、对称、节奏、比例等）来看，容易走向形式主义；不能在自然、社会和艺术中的美中找到一个统一的标准；关于美的理论与关于艺术的理论严重脱节等①。

这些困难是由他们美学理论的哲学基础决定的。“自然派”学者基本上将正统的哲学观，如历史、辩证唯物主义和列宁的反映论，照搬到美学研究中来。马克思的早期著作，尤其是《手稿》，提供了一个有所不同的、人类学、人本主义的方法论。然而这些美学家，虽然有时也引用其中的词句，但总的来说，大都认为马克思《手稿》中的美学论述不但是只言片语、不成体系，而且延续了费尔巴哈的形而上学唯物主义乃至黑格尔的唯心主义观点，因此是马克思不成熟的观点，或者说非马克思主义的观点②。

“审美特性”派与“自然派”的最大不同，在于他们否认如下观点：事物的审美特性或属性，就等于其天生就具有的自然属性，并且与人无关；相反，他们指出：这些自然属性仅仅构成了美的条件和形式，美的内容却是事物在人和人类社会中具有的社会属性，因此必定与人有关。如果说美的社会性是“审美特性”派与“自然派”的主要分歧，那么美的客观性则构成了两派的主要共同点。一方面，这里的“人和人类社会”并非指个人的意志和意识，而是指社会存在和社会实践，因此这种审美特性、属性也是客观的；另一方面，这些审美特性、属性又是存在于事物本身之中的，可以通过艺术、

---

① 参见：SWIDERSKI E. The Philosophical Foundations of Soviet Aesthetics: Theories and Controversies in the Post-War Years [M]. Dordrecht: D. Reidel Publishing Company, 1979: 75-77；刘宁.五十—六十年代苏联美学界争论的几个问题 [C]//刘纲纪，吴樾.美学述林（第一辑），武汉：武汉大学出版社，1983：178-183；凌继尧.当代苏联美学 [M].哈尔滨：黑龙江人民出版社，1986：41-44.

② 刘宁.五十—六十年代苏联美学界争论的几个问题 [C]//刘纲纪，吴樾.美学述林（第一辑），武汉：武汉大学出版社，1983：169-170，178-179.

审美的过程被认识、反映出来①。

“审美特性”与“自然派”的这种差异和相似，应当归结到他们的哲学基础上来。一方面，他们对于马克思《手稿》进行了积极借鉴，从“人化的自然”一词中提取出“实践”的概念，用这一概念将人和人的意识、美感，与物、自然、社会存在和社会生产联系起来。另一方面，他们依然把列宁的反映论照搬到美学研究中来，将审美、艺术完全看作认识和反映活动②。

与“审美特性”派不同，“艺术掌握”派将审美、艺术看成一种社会生产、劳动和实践活动，认为缺少了实践主体（社会和个人）的作用，事物仅凭其本身的自然属性，根本形不成美。与此类似的是，他们也将生产劳动、审美和艺术，看成主客体之间的“审美关系”，但与后来也接纳“关系”说的斯特洛维奇不同，他们强调的不是作为一种认识的“关系”，而是作为一种创造的“关系”。既然审美是一种“实践”“创造”，客体本身的重要性便随之降低，因此这一派学者更加强调的是审美主体和审美过程的方面③。

“艺术掌握”派在寻求哲学理论支持时，主要从马克思的《手稿》出发，但并不限于“人化的自然”这一个概念，而是包括了“人的本质力量对象化”、劳动和艺术的起源、美感的发生和发展等诸多概念和观点。此外，他们还从马克思各个时期的著作中发掘和引用相关的论述，来论证这些概念和观点在马克思思想中的连续、一致性。与此同时，对于机械唯物主义以及列宁反映论在美学理论的应用，他们不但自己不予提倡，而且对于“自然派”和“审美特性”派在这方面的倾向，也往往给予猛烈的批评④。

---

① 刘宁.五十—六十年代苏联美学界争论的几个问题［C］//刘纲纪，吴樾.美学述林（第一辑）.武汉：武汉大学出版社，1983：173－176.

② 同上。

③ 同上，第176—178页。

④ 同上。

4.1.3 问题三：美学研究的对象

关于美学研究对象的争论，最早出现在1956年苏联《哲学问题》杂志编辑部就这一问题组织的一次座谈会上。两位学者涅多希文和普齐斯所做的主旨发言，分别代表了两种对立的观点；与会者中支持前者的略占多数，而组织者则在会议总结中，明确表示支持前者。

涅多希文认为，美学“研究人从精神上把握世界的审美（艺术的）方法的实质和一般规律，首先研究作为社会实践的特殊形式，确切些说，作为特殊的社会意识形态的艺术的实质和一般规律”。简单来说，“美学是研究人对现实的审美关系，特别是研究艺术”①。不难看出，涅多希文在美学对象问题上的观点，是和他在艺术的本质、美的本质问题上的观点紧密相关的。

之所以将艺术作为美学主要对象，涅多希文的理由如下：首先，既然美学研究人对世界的实践、精神的把握，研究人对现实的审美关系，而艺术又是这些“掌握”“关系”中最高级、最发达的方式，那么艺术也就应该是美学研究的中心问题；其次，从美学史上来看，相比于与哲学（认识论、伦理学）的关系，美学与艺术学（艺术史、艺术理论）的关系更加密切；最后，也是最重要的是，如果将美的哲学与艺术理论割裂和对立起来，并将前者作为美学研究对象，会导致“新康德主义”的倾向，即脱离艺术创作、评论的实践，而“抽象地、教条主义地空谈哲学”②。

与此同时，以普齐斯为代表的学者，则提出了一种与涅多希文针锋相对的意见。普齐斯认为美学应该是“一门关于审美能力、审

---

① 苏联《哲学问题》杂志编辑部.关于马克思列宁主义美学对象的讨论［C］//《学习译丛》编辑部.美学与文艺问题论文集.北京：学习杂志社，1957：72.

② 同上，第66页。

美趣味和美的规律的独立的科学”，“是一门关于自然界和艺术中的所有一般现象的审美性质的科学，或者换句话说，是关于美和美的规律的科学”①。

普齐斯的理由主要有两点：一方面，艺术理论应当“研究艺术的一切方面，如它的审美方面、政治方面、道德方面等”，在这种意义上，它的范围超出了美学的范围；另一方面，美学理论也应跨出一般艺术理论的范围，研究包括实用艺术在内的一切自然、社会现象中的美，如砖和布、香烟盒和商品包装、日用品、街头广告以及室内清洁等②。

在西方美学史上，在美学研究对象这一问题上，本来并没有统一的看法。从鲍姆嘉通到康德，都是将美学作为美的科学、哲学来看；而同样在美学上造诣很深的黑格尔，却是将美学作为艺术哲学来看的。因此此时苏联美学界在这一问题上观点的差异，需联系该期苏联文艺、美学的实际情况来看。

就涅多希文一派（包括特罗菲莫夫、万斯洛夫、斯特洛维奇、鲍列夫、苏瓦洛夫等人）来说，为了解决艺术创作和评论中的教条主义、公式化问题，他们着重强调了艺术的审美特性，强调人的主观性、审美力和审美过程对于艺术的重要性，强调美学理论对艺术实践的指导作用，自然也就倾向于将艺术作为美学的主要对象。

而就普齐斯这一派（包括波斯彼洛夫、阿斯塔霍夫、别尔米亚尔科夫、艾里斯别格、斯特罗科夫）而言，他们一方面强调美是事物本身客观存在着的性质，另一方面提倡美学为实际的生产、生活服务，因此更多从科学的、实用的角度，来考察自然界、社会和各

---

① 苏联《哲学问题》杂志编辑部.关于马克思列宁主义美学对象的讨论［C］//《学习译丛》编辑部.美学与文艺问题论文集.北京：学习杂志社，1957：74－75.

② 同上，第73—75页。

个专业领域中的具体美学问题，从而在20世纪60年代以后，引导、主导了颇为流行的“劳动美学”“技术美学”研究①。

4.1.4　苏联美学在中国的译介

苏联该期的美学讨论，以及在正式讨论之前就已出现的美学论著，在我国得到了较为及时的译介②。其中论文居多，翻译并登载在《文艺理论译丛》(新文艺出版社)、《译文》(《世界文学》)、《学习译丛》、《哲学译丛》、《现代文艺理论译丛》等期刊上，并出版了几本合集。其中也有书籍，如特罗菲莫夫、涅多希文、万斯洛夫、叶果洛夫、德米特里耶娃等人的专著，以及苏联艺术科学院集体编撰的教材《马克思列宁主义美学原理》等。苏联美学讨论中的主要问题和不同观点，都在中国得到了及时的介绍，对于同期的中国美学讨论，不但有直接的启发作用，还产生过一些间接的影响。

首先，也是最重要的，当然是对《手稿》的推介作用，虽然苏联也只是在1956年才出版《手稿》俄译本，但在西方的影响下，学界早就对其给予了相当的关注。中国20世纪50年代中期对《手稿》的了解和译介，与苏联的重视不无关系。其次，苏联学者里弗西茨编辑的、影响甚大的《马克思、恩格斯论艺术》，也在该期由曹葆华从俄语编译过来。最后，一些西方马克思主义者的著作，比如法国学者列斐伏尔的《美学概论》，也是先在苏联引起响应的，甚至该期的中译本都是从俄语转译的。

上述对苏联美学讨论和论著的翻译，应该说是有相当价值的，但缺陷也不是没有，比如译介者有些并非美学专业研究者，其观点

---

① 刘宁.五十—六十年代苏联美学界争论的几个问题［C］//刘纲纪，吴樾.美学述林（第一辑）.武汉：武汉大学出版社，1983：169－170，163－164.

② 这方面可参考：蒋红，张唤民，王又如.中国现代美学论著、译著提要［M］.上海：复旦大学出版社，1987.

也有问题（比如机械唯物主义、教条主义等），因此选题不够全面、精当，不总能把握苏联美学讨论的精华和新趋势①。这些缺陷被另一种形式的译介活动所补充，即美学讨论的参与者对苏联美学讨论中观点的借鉴、引用和论述。

首先，就美学讨论的参与者而言，为了确立自己观点的优势地位，他们有现实的、迫切的需要，从苏联的美学讨论中获取启发、支撑，甚至仅仅是鼓励。其次，他们有较高的外语和专业素养，因此可以从大量的文献中选择水准较高的、有代表性的观点和论述。最后，他们的译介，也可以不限于译文或译著的形式，而是可以采取灵活的方式，比如在自己的论文中进行观点和文字的引用，借鉴关键的概念或论据，甚至将苏联讨论中的问题、方法论拿到中国来讨论。

这种形式的译介，实践者虽然不多，主要是朱光潜、洪毅然（也可以算上李泽厚，虽然他从未承认过苏联美学讨论对自己观点的影响），以及一些年轻教师和研究者（主要是 1949 年后留学苏联的一批学生，如钱中文、涂途等，他们后来成为 80 年代美学讨论的一支力量），但对美学讨论中他们自身所提出的论点，提供了相当的启发和支持作用，进而在某种程度上，影响了整个美学讨论的方向和水平。

4.2 中国美学讨论与外部资源

4.2.1 周扬、蔡仪和李泽厚

关于 1956 年到 1962 年间中国美学讨论的经过，大致是这样：原

① 比如 1962 年中国科学院文学研究所编译的《现代文艺理论译丛》（第三辑），以美的本质为专题，介绍了苏联美学讨论中的有关论述。尽管该书《编后记》中对各方观点的综述颇为客观，然而整个专辑的选目，却透露出明显的倾向性：收入的六篇论文中，除一篇为“社会派”学者所撰之外，其他五篇全为（美学讨论中明显占下风的）“自然派”学者所撰。

本是为了清理以朱光潜为代表的唯心主义美学思想，但由于批判朱光潜的这一方意见也并不统一，而在彼此之间展开了相互批评；加之美学讨论初期恰逢“双百”方针颁布，因此被批判方朱光潜也得以展开反批评。

美学讨论主要集中于美的本质、自然美、美学研究对象这几个问题，其中最为核心的是美的本质问题。根据对该问题的不同意见，早期主要形成了三派观点：蔡仪的美是客观的，李泽厚的美是客观的和社会的，朱光潜的美是主客观统一的。讨论中后期，在不改变其主客观统一观的前提下，朱光潜提出了美是生产实践的观点，但这与李泽厚同样基于实践的美学观点却有不小的差别。

倘若将同时进行的中苏两国的美学讨论对比来看，蔡仪对美的本质的看法与苏联的“自然派”基本类似，李泽厚的看法与苏联“社会派”中的“审美特性”说类似，而朱光潜的看法则与苏联“社会派”中的“艺术掌握”说类似。接下来所要揭示的是：这种相似和对应关系，并非完全出于巧合，而是出于各种学派在理论资源上的类似，以及（在朱光潜这里）后者对于前者的影响关系。

在这一时期人文社科诸多学科的讨论中（类似的有《红楼梦》讨论、哲学史讨论、逻辑学讨论，以及不同阶段的文艺讨论，等等），美学讨论是唯一一次受政治干涉较少，自由程度相对较高，讨论者之间地位、姿态也相对平等，而且也产生出较好的研究成果的讨论。究其原因，可以有很多，然而有一个人却是不能不提的：他并未亲自参加论争，然而影响却无处不在，这就是该期中国文艺领域的领导人物之一——周扬。作为对美学有特别兴趣（也可以被视为一名美学家）的官员，也想在这一时期大力发展中国的马克思主义美学，周扬在一定程度上支持和引导了美学讨论的开展。“支持”指的是他在“双百”方针的口号下，对提出各种观点的权利的默许，以及对参与者、特别是预定的被批判者朱光潜的保护①。“引导”指的是他在美学讨论中并非持完全的“客观主义”，而是不满于机械唯物主义的美学观点，并利用自身权力，压制其代表者蔡仪的声音②。

而这正与周扬本人的美学资源有关。首先，他继承了19世纪俄国革命民主主义者如别林斯基、尤其是车尔尼雪夫斯基的美学理论，但因为这些人的理论本身保留了不少西方古典美学（如黑格尔的）遗产，因此周扬也就间接地吸收了部分这类美学思想。其次，他在20世纪二三十年代就已接触到同期苏联美学界、文艺理论界的诸多观点和争论，而庸俗唯物主义、机械唯物主义在该期苏联就已遭到很多人，甚至官方（虽然是歪曲事实的）的指责，因此他对于蔡仪等人所持的机械唯物主义并不赞同。最后，周扬本人也是中国最早接触到马克思早期著作中美学思想的学者之一，早在20世纪30年代的文章中，他就（从同期苏联或日本的文献中）转引过马克思《手稿》中关于美感的发生和发展（“音乐的耳朵”）和《政治经济学批判〈导言〉》中关于审美主体（人）的生成的两段话，来证明

① 周扬本人对朱光潜就比较尊敬，在美学讨论初期帮助恢复其职称级别，调整其工作单位和内容（由西语系借调到哲学系，由教翻译课转为讲授、研究和翻译美学）；朱光潜在进行自我批判之前，得到周扬等人的“打招呼”，称“是为澄清思想，不是要整人”，对于批评朱光潜的文章，周扬甚至认为“批评得是不是太尖锐了，不利于团结”；见到朱光潜时鼓励他大胆发表不同见解，进行争鸣，等等。见：胡经之，李世涛.杨晦、周扬与文学理论教材建设——胡经之先生访谈录［J］.云梦学刊，2006.（3）：17；敏泽，李世涛.“国家不幸诗家幸，赋到沧桑句便工”——敏泽先生访谈录［J］.文艺研究，2002（2）：69；刘纲纪，李世涛.我参与的当代美学讨论：刘纲纪先生访谈录［J］.文艺理论研究，2009（4）：44.

② 蔡仪夫人乔象钟后来在《蔡仪传》中称，20世纪50年代中期一段时间，蔡仪批判朱光潜的论文，甚至约稿都难以发表，除掉文章本身的问题外，主要是由于某些文艺界领导人（指周扬）干涉的原因。蔡仪不得已而将矛头指向黄药眠，这是使美学讨论，由原定的单向批判，变成了多方混战的原因之一。蔡仪弟子王善忠后来同样也称：“五六十年代的美学讨论虽曾繁盛活跃过一时，但后来由于人为的因素，百家争鸣的方针并未贯彻始终，争论失去了科学性与民主性，以致文章的刊载与否已不是由文章本身的学术价值、争论焦点而定，而是由某些负责人的需要而定，这就失去了公正、公平的原则。”见：乔象钟.蔡仪传［M］.北京：文化艺术出版社，2002：82－83，85，87；王善忠.余光酬盛世，夕照映霞天——蔡仪同志晚年生活片断［C］//中国社会科学院文学研究所.岁月熔金：文学研究所50年记事.北京：中国社会科学出版社，2003：145.

美和美感的社会性、实践性。其中他这样写道：

“我们承认美的感性，美的欲望的事实（没有它们，艺术活动便不存在），却不承认它们是先于社会的发展，生物学地内在的。无论是客观的艺术品，或是主观的审美力，都不是本来有的，而是从人类的实践的过程中所产生的。这就是我们和一切观念论美学分别的基点。”①

正如周扬的美学观来自他的美学资源一样，蔡仪的美学观也与其本人的美学资源密切相关。蔡仪是于20世纪30年代在日本读书时，由马克思主义哲学著作，经文艺理论，而转向美学研究的。据他回忆，当时接触的多为苏联和日本出版的、“还不是四十年代以后那样已有定型”、“在论述上、甚至在论点上也往往各有特点，各有不同的内容”的马克思主义著作，对他启发最大的是马克思、恩格斯“提倡的现实主义与典型的理论原则”②。然而从他新中国成立之前提出的“新现实主义”艺术论（即“社会主义现实主义”）和“美是典型”的美学观来看，他接受的其实是20世纪30年代以后在苏联逐渐形成、巩固和确立下来的正统文艺、美学理论。

这种“新美学”是建立在对“旧美学”的批判之上，因此蔡仪以纯粹的“唯物主义”为标准，从方法论、美的本质、美感、艺术美多方面，将西方美学史中除狄德罗之外，包括柏拉图、亚里士多德、鲍姆嘉通、康德、黑格尔、费希纳、里普斯、克罗齐、卢那察尔斯基等在内的一切主客观唯心论、心理学派、实验派美学家，几乎扫荡干净③。上节提到，20世纪50年代末和60年代上半期，蔡仪受命主编了《文艺理论译丛》和《古典文艺理论译丛》，对国内文

① 周扬文集（第一卷）［M］.北京：人民文学出版社，1984：217.
② 蔡仪.蔡仪文集（第十卷）［M］.北京：中国文联出版社，2002：4.
③ 蔡仪.蔡仪文集（第一卷）［M］.北京：中国文联出版社，2002.

艺和美学理论的建设做了不少贡献。然而在其本人看来，“美学研究在历史上很少有优秀的遗产”①，因而美学史的意义也很有限：“可以使人对于自己所用从事的研究，多少有点指引作用和借鉴作用；即对当前美学上某些问题纷争中的是非曲直，以古例今，也可资参证。”② 结合这句话的上下文，他实际是说，美学史研究的意义，在于一方面可以将其中绝大部分作为反面教材，引以为鉴；另一方面可以通过古今对比，来证明美学论争中有人“正是背离了马克思主义，是要回到唯心主义美学的老路上去的”③。

20 世纪 50 年代中期之后，苏联美学界展开了对先前“个人崇拜下的教条主义、公式主义”的批判和颠覆，并从马克思早期著作中寻找突破；蔡仪在美学观点上不但故步不前，而且当别人指责他的《新美学》中存在“唯心主义残余”而必须进行思想改造时，他转而向更机械、直观的“唯物主义”方向发展。虽然他早在 20 世纪 30 年代就接触到马克思《手稿》中的美学论述，并在 40 年代的《新美学》中给予引用（下文会谈到），但是在 60 年代以后论马克思美学观的文章中，他对苏联该期对《手稿》中美学思想的研究，以及中国学者在苏联启发下进行的阐释，从始至终都予以全面的否定和强烈的批判：

“在苏联，自五十年代中期以来，那些著名的美学教授和美学专家，对于马克思的有关言论，往往摘取个别词句，片段言论，加以歪曲篡改，各自号称马克思列宁主义美学，而实质上就是在这样美好的名称之下，公然贩卖资产阶级唯心主义的破烂货。”④

---

① 蔡仪.蔡仪文集（第十卷）[M].北京：中国文联出版社，2002：381.

② 同上，第 376 页。

③ 同上，第 375 页。

④ 蔡仪.蔡仪文集（第四卷）[M].北京：中国文联出版社，2002：94.

如果说蔡仪对西方美学史、苏联50年代中后期的美学资源以及马克思早期著作所持的拒斥的态度，导致了他的美学体系贫瘠、机械、适用范围窄、缺乏说服力，那么李泽厚在这些方面则要做得好得多。

李泽厚在五六十年代提出的美学观点，是在批判朱光潜的主客观统一论和蔡仪的机械唯物论的基础上建立起来的。除掉有关典型、形象思维、批评准则等问题的艺术理论外，主要有：美是客观的和社会的；在艺术创作领域之外，美不受美感或社会、个人的意识、情趣影响；美是客观社会性和具体形象性的统一，前者体现为一种社会本质、规律和理想，即美的内容，后者则体现为物的某些自然属性，即美的形式和条件；就自然美而言，其本质、内容是"自然的人化"，其现象、形式是形式美；美感是美的主观反映，具有客观功利性和主观直觉性的矛盾二重性；美学是认识论，以反映论为哲学基础；审美、艺术和科学的内容一样，只是表现形式不同，科学用抽象思维，审美、艺术用形象思维；社会实践是联系主体（人）和客体（自然、社会）的纽带，专指物质生产，而非精神生产；美学研究对象是客观现实的美、人类的审美感和艺术美的一般规律等。

李泽厚该期的理论资源，主要有以下几种：苏联"解冻"后的哲学、美学思潮；马克思早期著作，尤其是《手稿》；传统马列主义文献，尤其是列宁的《唯物主义与经验批判主义》（以下简称《唯批》）；普列汉诺夫的美学论述；西方哲学史、美学史，尤其是康德哲学、美学以及少数现代西方哲学、美学。

苏联50年代中期以后的哲学、美学思潮，很快对李泽厚产生了影响，这从他较早的文章（如《论美感、美和艺术（研究提纲）》）中可以看出。首先，苏联这一期"反对个人崇拜下的教条主义、公式主义"和"虚无主义"的动向和口号，虽然在中国并不流行，却被李泽厚及时把握住①。其次，与马克思早期著作方法上相通的、普列汉诺夫人类学的美学观点，被“平反”后，立刻被李泽厚拿来作为理论支撑②。最后，苏联学界将车尔尼雪夫斯基的“美是生活”定义中的“生活”阐释成“人类的、社会的生活”，也和李泽厚的观点一致。将前面提到的苏联美学讨论中的“审美属性”说，与李泽厚50年代的美学观点进行比较，不难发现两者间体现出的高度近似：将美的本质归结为客观性和社会性；以社会属性作为美的内容，自然属性作为美的形式；将实践等同于物质生产活动，认为它先于审美、艺术活动，是第一性的；而审美、艺术仅仅是对前者被动的认识和反映，是第二性的，等等。

这种相似的原因，根本上取决于两者在马列主义美学理论资源上的相似之处：他们同样看到马克思早期著作的巨大价值，却又对传统马列著作的主流阐释不离不弃。李泽厚从“自然的人化”概念出发，将实践作为主体（人类社会）与客体（自然）的中介，抓住了《手稿》的核心思想之一。但也仅限于此，《手稿》中的不少美学思想，如美感的发生和发展、美感与美的关系等，并没有得到强调；而作为全书基础的历史观、哲学观、伦理观，他或者不注意（如“异化”的概念），或者根本不认同（如人性论、人道主义作为历史观）。与此同时，他将经济决定论和列宁的反映论照搬过来作为美学的哲学基础——他大量引用列宁的《唯批》一书，批判朱光潜过多强调意识形态的能动性、主观性，批判其将审美和艺术作为实践、而非认识和反映的观点。

然而从60年代开始，随着他对西方哲学史、美学史和当代西方哲学、美学理论研究的深入研究，尤其是在接触到对“人”本身极为关注的康德哲学之后，李泽厚逐步从对社会、客观、物质的一边

① 李泽厚.美学论集［M］.上海：上海文艺出版社，1980：14.

② 同上。

倒，转而更强调个人的主体性、能动性，不但否定了原先将审美、艺术仅仅看作认识、反映的观点，认同朱光潜将其作为“艺术地掌握世界的方法”的提法，更将康德的美学思想和马克思的实践观点结合起来，建构出一套主体性实践美学的体系。

4.2.2 朱光潜

如果说该期李泽厚对马克思的实践观存在折中主义的局限的话，这些问题基本上在朱光潜美学讨论后期的论述中得到了补充和纠正。当今学者在论述朱光潜转向实践论的原因时，往往认为他是受其他学者（如李泽厚）的启发；然而我认为，尽管不排除这方面的影响，朱光潜 50 年代后期的理论资源，更多是以下这些：马克思的早期著作，尤其是《手稿》；苏联该期的美学研究，尤其是美学讨论；西方美学史，尤其是黑格尔的《美学》一书；西方马克思主义者如列斐伏尔、卢卡奇、考德威尔等人的美学理论，以及普列汉诺夫的艺术社会学等。对于黑格尔和西方马克思主义者，我们上面提到一些，下面也还会有详细论述。这里我们先总述一下朱光潜对马克思《手稿》的阐释和对苏联美学研究成果的引进。

1. 对《1844 年经济学哲学手稿》中美学思想的阐释

马克思的《手稿》，自从 20 世纪 30 年代被发现、整理和出版之后，在西方马克思主义和“马克思学”领域，产生了极大的影响。虽然与此同时，该书就被选译成俄语，但在苏联该期的政治、意识形态环境下，它被当作马克思不成熟的著作而受到冷落。仅仅是在 50 年代上半期，西方马克思主义者，南斯拉夫、东欧等国学者掀起了研究《手稿》热潮之后，苏联学界才将《手稿》全文，与马克思同期的一些其他手稿，整理、翻译和出版。由于马克思对美学问题的论述，主要集中在这本手稿中，因此对该书观点的关注、讨论和支持，是从“解冻”之后的苏联美学、文艺理论界开始的。而关于

《手稿》中美学和相关的哲学思想的讨论，又促成、推动了此后长达八年（1956—1964）的苏联美学讨论。

50年代中期，中国也相继出版了贺麟的《手稿》节译本，以及何思敬译、宗白华校的全译本。但是因为译文晦涩难懂（原文本也如此），译者和校者的注释都不丰富，也没有一篇序文或导读，因而并没有在学界产生较大影响。该期国内最早引用《手稿》，并将其中的“自然的人化”概念用于解决美学问题的，是李泽厚。但正如上文已经提及、下文还将具体论证的是，他对其中美学、哲学思想和概念的阐发，既不全面，也不彻底。第一次真正将《手稿》中的美学思想，连同作为其基础的哲学、历史和伦理观，较为全面地介绍给中国学界的，还是朱光潜的《生产劳动与人对世界的艺术掌握——马克思主义美学的实践观点》一文。

朱光潜这样总起全篇：“为了说明实践观点的意义和重要性，我们就马克思主义的经典著作，特别是马克思的《1844年经济学哲学手稿》，涉及这方面的理论，结合近来苏联美学家们的阐述，作一些初步的介绍和分析”①。和李泽厚不同，他这篇文章几乎涉及了《手稿》中的所有美学论述，以及与此相关的哲学、历史和伦理论述，比如“美的规律”“种族的标准”以及“对象的内在的标准”，美感的发生、发展以及人的生成，“人化的自然”“人的本质力量的对象化”的哲学观及其在美学上的应用，涵盖了自由自觉的劳动、精神感觉、实践感觉、五官感觉等多方面在内的“人的本质（力量）”，审美史、艺术史与生产史的关系等。

除此之外，朱光潜还从马克思、恩格斯写于不同时期，生前发表的专著和未发表的手稿，如《1857—1858经济学手稿》《资本论》《反杜林论》《自然辩证法》《马克思、恩格斯文献》《马克

① 朱光潜.朱光潜全集（第九卷）[M].合肥：安徽教育出版社，1993：190.

思、恩格斯论文学》等著作中，摘引与《手稿》内容相关的论述，以论证这样的观点——《手稿》中的美学、哲学思想，贯穿在马克思从早期到后期的所有著作中，而不是像有些人所以为的，《手稿》是马克思不成熟的作品，或是非马克思主义的作品。朱光潜摘引的众多概念、词句或段落，除了少数沿用现成的中文译文外，多数（尤其是他大量引用的《手稿》）由他本人从俄语或英语译成汉语。

在七八十年代之交，当中国开始掀起"《手稿》热"和再度掀起"美学热"时，我们发现，这些讨论中的主要问题，在朱光潜写于60年代初的这篇文章中，基本上都可以找得到，不仅如此，就马克思在这些问题上的观点，朱光潜都给出了他自己独立的、清晰的、还算详细的阐释。虽然到了新时期，就《手稿》一书，朱光潜又撰写了若干论文，校订了他人的译文，并亲自翻译了若干章节，还对部分关键词进行了译名制定和阐释，但基本上都还是对其早先文章观点的论证和延续，而少有纠正或者推翻的。综上所述，朱光潜这篇文章，是对马克思《手稿》中的美学思想（以及相关的哲学、历史和伦理观论述）一次全面、深入的译介。

2. 对苏联美学研究成果的引进

朱光潜对苏联美学研究成果的引进，主要体现在以下几个方面，依次是苏联的哲学、美学资料，苏联美学讨论中的概念、方法论以及提出的问题。

朱光潜使用的马克思、恩格斯的原文，不管是专著，论文艺、美学的选集，还是只言片语的论述，主要是苏联编译的俄语版。以《生产劳动与人对世界的艺术掌握》一文为例：朱光潜引用最多的《手稿》，底本就是俄译本（也参考了英译本）。其他依次是苏联编的《马克思、恩格斯论文学》选集，苏联美学讨论文集《美学问题》中一些学者引用的马克思的零散论述，以及中国翻译的俄译

《马克思、恩格斯论文艺》第一卷①。

之所以这样，首先是因为马、恩的著作，包括手稿、书信在内，卷帙浩繁，而国内这类德语原著数量既少，种类也不完备；其次，他们关于美学、文艺的著述，往往不成体系，散落在大量哲学、经济学和社会学著作，以及未公开发表的手稿、书信中，一般人若要想从原始资料下手，不啻披沙拣金、大海捞针；再次，苏联的文献编译机构和个人，已经做了大量富有成效的整理、编选和翻译工作，如里弗西茨编选了上面说到的《马克思、恩格斯论文艺》四卷本；最后，苏联美学讨论中的学者，为了获得一手的论据，往往从马克思、恩格斯的原始文献出发，挖掘出更加零散的、没有收入一般选集的词句、段落等，比如马克思关于劳动产生美感的论述，是塔萨洛夫从德语的《马克思、恩格斯文献》中摘译的（下文会有详述）。

从上面这些因素，就不难解释，朱光潜何以能够做到，在《生产劳动与人对世界的艺术掌握》一篇论文中，引用如此之多的马克思、恩格斯关于美学、文艺问题的论述——原来他主要是转引自苏联编译的著作、选集，以及苏联学者发掘出来的材料。但他声明在前，自己本来就是“结合近来苏联美学家们的阐释，作一些初步的介绍和分析”②。这样，我们既可以将这些内容看作他通过俄语文献对马克思原著的转译，也可以看作是他对于苏联美学研究成果的翻译。

对苏联美学研究成果的引进，更直接、深刻地体现在朱光潜吸收了苏联美学讨论中，一些学者依据马克思早期著作、对美学中的概念和方法论进行的独立阐发。

---

① 这套五六十年代于中国出版，80 年代又进行修订的四卷本《马克思、恩格斯论艺术》，是根据里弗西茨编选、修订的俄译本转译的；朱光潜与此书中译本初版的审校似乎不无关系，因为他在该译本出版之前一年就已进行引用，后来也对这套书的编选予以批评；而该书中译本的修订本，朱光潜却是肯定审校过的，因为这篇审校意见公开发表了出来。见：朱光潜.朱光潜全集（第十卷）[M].合肥：安徽教育出版社，1993：498－502.

② 朱光潜.朱光潜全集（第九卷）[M].合肥：安徽教育出版社，1993：190.

朱光潜借鉴的苏联美学讨论中的概念，最重要的就是“美学的实践观点”这一提法。比如他的《生产劳动与人对世界的艺术掌握——马克思主义美学的实践观点》一文，不光以此作为题目，而且还以这样的话结束：“应该顺便指出，苏联美学界在最近几年以来有了巨大的进展，主要表现之一就是马克思主义美学的实践观点已稳实地成为美学研究的出发点。”在朱光潜提出这一概念之前，中国美学界的其他学者，包括最早研究《手稿》、将美学与社会实践联系起来的李泽厚，都没有这样提过。在这一概念提出之后，蔡仪和李泽厚两派都予以强烈批评，前者是全盘否定，后者则认为朱光潜将“实践”的概念，错误地扩大到了精神生产方面。20 世纪 80 年代在中国美学界占主流的实践美学体系，虽然以李泽厚等人 70 年代末之后的研究成果为主体，但其中“实践”概念的含义，却远非 60 年代李泽厚本人限定的物质生产这一层面，而是大量沿用了朱光潜 60 年代初对“实践”概念的阐释——同时包括物质生产和精神生产两个层面，就美学问题而言，更侧重后一个层面。

朱光潜借鉴的另一个重要概念，就是他论文题目中的另一个短语“人对世界的艺术掌握”，简称“艺术掌握”。不难看出这一概念与苏联美学讨论中“艺术掌握”派的关系。事实也是如此。提出“艺术掌握”这一概念及相关观点，并利用马克思的原著来进行论证，都是从这一派的涅多希文开始的。虽然他的论证过程漏洞不小，但由于这套观点对美的本质问题做了很好的阐释，因此在塔萨洛夫、巴日特诺夫、特罗菲莫夫等人的支持下，事实上形成了一个影响颇大的流派。在美的本质问题和对马克思《手稿》的阐释上，朱光潜借鉴的苏联美学家，基本上都来自这一派别。从马克思的原著出发，该期中国许多美学家对朱光潜的“艺术掌握”概念和理论进行了全面否定，在论证方面他们不乏道理，但却忽视了这一理论中有价值的部分。

朱光潜介绍的苏联美学讨论中的方法论，主要有以下两个。

其一，通过在对象、内容和掌握方式上，将艺术、审美与科学进行比较，来揭示前者的特殊性。布罗夫否定以往认为艺术与科学形式不同、内容却相同的观点，认为两者之所以区别开来，在于前者具有特殊的对象和内容，即人的性格和内心生活，而这正是“绝对的审美对象”，因而艺术和审美在本质上是同一的。涅多希文早先从形象思维和抽象思维之别的角度，后来又从人对现实的艺术掌握（也就是实践—精神的掌握）与理论掌握之别的角度，证明了前者相比后者，更能体现人性的全面性、完整性及和谐发展。这种通过比较来找特殊性的方法，被朱光潜在美学讨论中多次使用，以突出艺术、审美的意识形态性和生产实践性。

其二，从学科分工、研究范围的角度出发，来对美学与哲学或个别艺术理论的研究对象进行区分。苏联美学讨论中，保加利亚哲学家巴甫洛夫指出，相比于居于其上、范围较广的哲学学科，美学应体现出其特殊性，研究人用艺术方式掌握现实的规律；而相比于居于其下、范围较窄的个别艺术理论，美学又应体现出其一般性，研究艺术掌握方式中的普遍规律。从上述观点出发，朱光潜批评了脱离艺术来谈美学的两种倾向：一种将美学看作关于美和审美的抽象哲学理论，另一种将美学看作关于各种日常现象的具体理论。

美学研究方法论的问题，其实也就是美学研究对象的问题——应该以艺术为主，还是以美和审美的哲学为主？本章一开始说过，在苏联学界就这一问题召开的讨论会中，涅多希文等人持前一种观点，普齐斯等人持后一种观点。朱光潜和洪毅然将苏联这次讨论会介绍到中国，并分别支持前一种和后一种观点。一些激进学者，从政治、意识形态立场出发，对朱光潜的观点予以批判。朱光潜则引用苏瓦洛夫、布罗夫、巴甫洛夫等苏联学者的论述，和其他学者一起，对论战对手予以反驳，并由此引发了中国美学界关于美学研究对象的一场规模较大的争论。

3. 苏联影响对朱光潜的作用

如果我们对朱光潜借鉴的苏联美学家、美学讨论中的诸多观点、概念、论据和问题，进行细致考察的话，便可以发现，其中很多在他本人新中国成立前的美学理论中就已经有了，只是如今改换了苏联学者和马克思著作中的词句，或者朱光潜本人对原先所持立场，进行了根本性的调整。

比如关于审美经验的两阶段论，以及列宁的反映论只适用于第一阶段的论点，其雏形可从他在 1949 年前所提出的“直觉的”与“概念的”“明理的”两阶段的理论上见出，只是先前认为全部审美过程的完成，只需要“直觉的”阶段就够了，而现在认为两阶段加起来才完整。又如，将劳动与艺术等同起来，同作为“人对世界的艺术掌握”的观点，实际上就是朱光潜之前的“人生艺术化”观点的翻版，但是采用了马克思《〈政治经济学〉序言》中的提法（下面会证明，这一论据本身的说服力很成问题）。再如，就美学研究对象应以艺术理论还是以美的哲学为主的问题，其实答案早已体现在新中国成立前后朱光潜本人就美学研究的重心所作的被动调整之中：虽然新中国成立后的美学批判和美学讨论使他不得不投入关于美的本质、美的起源的哲学美学讨论当中，然而就美学研究对象问题本身，他还是坚持自己在新中国成立前主要从文艺、审美角度着手研究的路径。最后，阿斯穆斯对美学中的直观观点和实践观点的区分（亦是“消费者”和“生产者”，“旁观者”和“生产者”的区分），实际上就是朱光潜之前的“看戏”与“演戏”说法的区分，只不过他在对两种态度的取舍上，实现了一百八十度的大转变。

尽管朱光潜美学讨论中的诸多观点，更多的是他对自己前期美学理论的改头换面，或大幅度的修正和调整，然而苏联美学家和苏联美学讨论中的观点，依然是他该期提出的美学观点、概念、论据和问题，以及提出观点这一行为本身所需要的勇气、意愿和能力，最主要的和最直接的来源。反过来说，倘若没有该期苏联美学研究中的新动向对于他的鼓励、启发和支撑，很难想象朱光潜会敢于、愿意和能够将自己先前的理论，经过一定的装饰和修补，重新拿出来讨论。

前面说到朱光潜在1949年后积极学习俄语，这是当时中国学习苏联的大环境决定的。这一时期的中国的大多数学者主要接受的还是斯大林时期的哲学、美学理论，然而朱光潜所借鉴的，却是苏联在去斯大林化的过程中，对先前机械唯物主义的、教条主义的、公式主义的哲学、美学、文艺理论的纠正。就美学问题（下一章还会讨论意识形态、尤其是人道主义、人性论的问题）而言，在1959年的《把美学建设得更美》一文中，朱光潜这样说：

“今年我有机会读到1958年苏联出版的几部重要的美学著作，才恍然大悟我们所讨论的一些问题苏联也在讨论。我们的一些意见在苏联早已遭到批判了（趁便说起，我在1957年所提出的主客观统一的看法在苏联现在是个占上风的看法），我们许多人还在坚持不放。我深切地感觉到苏联美学最近的发展和转变在我们美学讨论中没有得到反映，是一个大欠缺。我们现在建设美学，必须从马列主义哲学的基础出发；而从马列主义哲学基础出发，必须以苏联为师。我们参加美学讨论的人还不是每个人对此都已有足够的认识。”①

随着20世纪60年代中苏两国关系恶化和意识形态论战，这些鼓励、启发和支撑功能表面上不复存在。1964年最后一本《美学问题讨论集》出版，收录了朱光潜的《生产劳动与人对世界的艺术掌

① 朱光潜.朱光潜全集（第九卷）[M].合肥：安徽教育出版社，1993：174－175.

握》一文，朱光潜对苏联美学讨论的评论文字全被删去，他对苏联著作的引用也被作了"技术处理"，保留文字，但删去了作者名和文献出处①；而在美学对象这一问题上，朱光潜最重要的也是全面借鉴苏联观点的论文《美学研究些什么？怎样研究美学?》，则根本没有被收入。

但这并不意味着朱光潜对苏联观点借鉴的结束。在其60年代上半期的诸多西方美学史论文，以及最终汇成的《西方美学史》一书中，不但实践观点贯穿其中，而且在论及别林斯基时，他多次引述、评论苏联美学界这方面的最新研究动向②，几乎是在与他的苏联同行进行一场对话和争论。

4.3 列宁反映论与美学的哲学基础

朱光潜和蔡仪、李泽厚三派在美学讨论中最根本的分歧，来自三者对列宁反映论作为美学的哲学基础的不同态度。

朱光潜揭开美学讨论序幕的《我的文艺思想的反动性》一文，主要是对自己原先的美学思想进行检讨、批判。但在这篇文章中，就蔡仪提出来的"美是事物的自然属性"的观点，朱光潜认为其是"机械唯心主义"而给予否定；同时对于自己原先的"美是心与物的关系"的看法，依然持有一定的肯定。最重要的是，对于如何（实际上也就是"能否"）运用列宁的反映论等指示来解决"美的具体问题"，朱光潜表示了保留的态度：

"马列主义的美学对于这个问题的解决是指示了一些总的原则，

---

① 生产劳动与人对世界的艺术掌握——马克思主义美学的实践观点［C］//《新建设》编辑部.美学问题讨论集（第六集）.北京：作家出版社，1964：176－208.

② 朱光潜.朱光潜全集（第七卷）［M］.合肥：安徽教育出版社，1991：179－181.

首先是列宁的反映论以及关于艺术的党性和艺术的人民性一些指示。但是如何运用这些总的原则来解决美的具体问题，就我所看到的苏联关于这方面的论著来说，好像也是在探讨中，还没有做出很圆满的结论。我认为对复杂的问题过早地作简单化的结论是无助于科学进展的。我们还需要更周密的研究、思考和讨论。”①

这段引文中非常值得注意的一点是，他之所以能够坚持上述看法，原因在于他正密切关注着苏联当下对此问题的讨论，对于相关进展有不少了解——这种关注和了解，也体现在这篇文章其他多处地方对苏联文献的引用中。除了苏联美学讨论这时刚刚兴起，以及朱光潜此时正处在俄语学习的热劲之中等原因，还在于作为一个学者，朱光潜对当下学术动向的敏感和兴趣；而他将目光投向苏联，并从其美学讨论中获取启发、鼓励和支持，也在不经意间获得了一份重要的资源，这份资源将在其后兴起的中国美学讨论中，给予他相当的帮助。

在接下来的两篇文章中——《美学怎样才能既是唯物的又是辩证的——评蔡仪同志的美学观点》（1956 年 12 月）和《论美是客观与主观的统一》（1957 年年底），朱光潜继续修正乃至质疑列宁反映论在审美、艺术中的应用。他的主要观点是：首先，一般感觉的、科学的反映方式，应当与美感的、艺术的反映方式区分开来；其次，审美过程应该分两个阶段，即一般感觉式反映的阶段，和更为主要的、意识形态式反映的阶段，列宁的反映论只适用于前一阶段，而非后一阶段；再次，审美、艺术的哲学基础和方法论，除了列宁的反映论之外，还应加上马克思的意识形态论和生产实践论；最后，从生产实践观点看来，美感经验过程等同于艺术创作中的形象思维。从这两

① 朱光潜.朱光潜全集（第五卷）[M].合肥：安徽教育出版社，1989：27.

篇文章的概念、观点和论据来看，我们可以找出诸多苏联影响的痕迹。

4.3.1 艺术、科学反映方式的区别

朱光潜是从科学、艺术两种反映方式的差异谈起的：

> “蔡仪……没有足够地体会马克思在《政治经济学批判》里把‘美感的’（在一般译本中作‘艺术的’）形式和法律、政治、宗教等并列为社会意识形态时所暗示的一个真理：美感和艺术不仅是自然现象，而有它的社会性，所以它的活动不同于自然科学的活动。
>
> ……
>
> 美感的或艺术的反映形式与一般知识或科学的反映形式，艺术地掌握世界与科学地掌握世界……这中间有一个本质的分别：科学在反映外物界的过程中，主观条件不起什么作用，或是只起很小的作用，它基本上是客观的；美感在反映外物界的过程中，主观条件却起很大的甚至是决定性的作用，它是主观与客观的统一，自然性与社会性的统一。”①

指出艺术是社会意识形态，或是将“美感的或艺术的反映形式与一般知识或科学的反映形式”区分开来，本来并非什么新鲜观点。前者自不必说，就后者而言，从黑格尔的“美是理念的形象显现”到别林斯基的“形象思维”，这一分别早已得到公认。但这里朱光潜重新提起，却依然有一点值得我们注意：他是从马克思的经典著作《〈政治经济学批判〉导言》出发，引用其中关于“艺术地掌握世界”与“科学地掌握世界”的区别的论述来进行论证的。考虑到从60年代开始，“艺术地掌握世界”的提法，成为朱光潜构建的马克

① 朱光潜.朱光潜全集（第五卷）[M].合肥：安徽教育出版社，1989：43－44.

思主义实践美学理论的核心概念，对于这一概念在朱光潜那里的起源，这里有必要进行一番考察。

“艺术地掌握世界”与“科学地掌握世界”这两个概念，出自马克思的《〈政治经济学批判〉导言》一文，原话是这样：

> “呈现于人脑的整体，思维到的整体，是运用思维的人脑的产品，这运用思维的人脑只能用它所能用的唯一方式去掌握世界，这种掌握方式不同于对这个世界的艺术的、宗教的、实践精神的掌握方式。”①

这篇导言本来是收在马克思《政治经济学批判》（又名《1857—1858 手稿》）一书中的，因为它与《资本论》在经济学研究理论上的承继关系，经常被收入各种选集。然而就这句话本身而言，不但简短，而且用词和意思也很含混、晦涩，因而不但之前从未被朱光潜本人引用过，而且也从未得到国内任何马克思主义文论家的注意。就朱光潜这里的引用而言，由于文章发表在《人民日报》上，所以通篇没有标注文献出处。孤立地看，我们并不知道他这篇文章中，对《〈政治经济学批判〉导言》以及其中重要概念的引用，原本是通过阅读原著、从原文获取，还是受其他学者启发、从别人的文章中转引。然而联系他该期的其他论文，我们则不难发现，引用这段原文来论证艺术和科学的差异，并以此强调前者的特殊性，乃是借鉴苏联学者的观点。

在其 1960 年的《生产劳动与人对世界的艺术掌握》这篇论文中，朱光潜对《〈政治经济学批判〉导言》中的这句话再次进行了阐释：

---

① 朱光潜.朱光潜全集（第九卷）[M].合肥：安徽教育出版社，1993：191.

“这段话的要义在于科学用构成抽象概念（‘思维到的整体’）的方式去掌握世界，这种概念或思维到的整体不是原来具体事物的整体。艺术的实践精神的掌握方式之所以不同于科学的掌握方式，正在于它所对待的恰是现实世界的具体事物的整体。马克思在这里所指出的分别也就是抽象思维与形象思维的分别。”①

他紧接着在注释中标明，“这样解释是根据涅多希文在《审美本质问题》中所提的”②。上文提到，在五六十年代苏联，美学讨论之所以成为一个热点，根源在于文艺界力图纠正文艺创作和批评中的教条主义、公式化现象。从布罗夫的《艺术的审美本质》一书开始，一批文艺理论家开始强调艺术的特殊性，尤其是审美本质，并力图引入美学理论来指导艺术实践。在这些“新审美学派”中，涅多希文是较为重要的一个。在他该期的各种会议发言、论文和专著中，涅多希文都通过将艺术与哲学、科学进行比较，来突出前者的特殊性。朱光潜这里引用的这篇文章，虽然是被收在苏联1958年出版的美学讨论文集《美学问题》中的，但其中的观点却早就出现在1956年那次美学对象讨论会上，即涅多希文所作的主旨发言中。为了论证其对于美学对象的定义——人对世界的艺术掌握的规律，尤其是艺术——涅多希文首次从马克思原著中发掘出一个依据，即上面引用的那句意义艰涩的原文，并给予了自己的阐释：

“马克思在这里把理论思维同他所称为‘实践精神’的意识形态区分开来，而艺术和宗教就属于这种意识形态。从实践、精神上把握世界，包括从审美上把握世界在内，其目的在于直接通过单一的现象来认识现实界，而这些现象的普遍形式的实质，是只有通过概

① 朱光潜.朱光潜全集（第九卷）[M].合肥：安徽教育出版社，1993：191.
② 同上。

念、即从理论上才能推断出来的。”①

涅多希文的这种论证方式——从对世界的掌握方式的角度，来对科学和艺术进行区分——受到讨论会中多数人，尤其是组织者的赞同，其发言也与大会记录一起被发表出来，在苏联美学界产生了较大的影响。中国的《学习译丛》杂志，也很快将大会记录和发言翻译成中文并登载出来。虽然在最早的这篇文章中，朱光潜引用了涅多希文的观点，而没有标明文献出处；然而在此后的几篇文章中，他却屡次提到苏联的这次讨论会，并且就美学对象这一问题，借鉴苏联观点，发表自己的看法②；最为重要的是，“艺术地掌握世界”这一概念，自此得到朱光潜的高度重视和详细阐述、发挥。

关于艺术掌握方式和科学掌握方式的区别，涅多希文在这次讨论会中主要从三个方面进行了论证。第一个是形象思维和抽象思维的区别，第二个是实践精神的把握和理论把握的区别，第三个是对事物整体把握和非整体把握的区别。这三点后来都被朱光潜借鉴。在《美学怎样才能既是唯物的又是辩证的》和《论美是客观与主观的统一》两文中，他主要针对前两点进行了阐释和发挥。在讨论形象思维这一点之前，我们先看一下朱光潜这篇文章中的另外两个论证手段：分析审美、艺术反映过程的两个阶段，并确定列宁反映论在其中的适用范围；用马克思的意识形态论和生产实践论来补充列宁的反映论，作为美学的哲学基础。

4.3.2 审美、艺术反映的两阶段和列宁反映论的适用范围

在从马克思的原著出发，论证了审美、艺术的反映方式，和一

---

① 苏联《哲学问题》杂志编辑部.关于马克思列宁主义美学对象的讨论［C］//《学习译丛》编辑部.美学与文艺问题论文集.北京：学习杂志社，1957：68.

② 朱光潜.朱光潜全集（第五卷）［M］.合肥：安徽教育出版社，1989：70，87；朱光潜.朱光潜全集（第九卷）［M］.合肥：安徽教育出版社，1993：177－178.

般感觉的、科学的反映方式的差异——前者是意识形态性的、主客观统一的，而后者是非意识形态性的、客观的——之后，朱光潜更进一步，在《论美是客观与主观的统一》一文中，提出审美或艺术的反映要经过两个阶段，即一般感觉的阶段和意识形态的阶段，而列宁在《唯物主义与经验批判主义》一书里所陈述的反映论仅仅适用于第一个阶段。

“我认为目前一般美学家和我的基本分歧就在这里。我主张对于非上层建筑性的一般感觉（科学范围内的）和是上层建筑性的美感或艺术反映，应作分别处理，而目前一般美学家却否定二者的分别；我主张美学理论基础除掉列宁的反映论之外，还应加上马克思主义关于意识形态的指示，而他们却以为列宁的反映论可以完全解决美学的基本问题。列宁在《唯物主义与经验批判主义》一书里所讨论的只是一般感觉或科学的反映，没有一个字涉及作为社会意识形态的艺术的或美感的反映。我们的美学家们却把列宁的这个反映论生吞活剥地套用到美感的或艺术的反映上去。”①

“艺术或美感的反映要经过两个阶段：第一个是一般感觉阶段，就是感觉对于客观现实世界的反映；第二个是正式美感阶段，就是意识形态对于客观现实世界的反映。这两个阶段是紧联着的，有时甚至是互相起伏的，但是绝对不可混同。列宁在《唯物主义与经验批判主义》里所揭示的反映论只适用于第一个阶段。……目前美学家们如蔡仪、李泽厚诸人却……把只适用于第一阶段的反映论套用到第二个阶段，否定了意识形态的作用，实际上就是宰割了第二个阶段，即艺术之所以为艺术的阶段。”②

① 朱光潜.朱光潜全集（第五卷）[M].合肥：安徽教育出版社，1989：65.
② 同上，第67页。

这种观点一发表，就引起了极大的争议，基本上是反对意见。洪毅然、周来祥等人直接将其斥为“修正主义”①，李泽厚也进行了尖锐的批评：

“意识形态的能动作用与反映论不但不矛盾，而且还正是马克思主义反映论区别于消极的被动的旧唯物论所在。而朱光潜在这里的特点是否认反映论能作为美学的哲学基础。……这其实是把本来是统一的马克思主义的反映论和意识形态论对立和割裂开来，从而把列宁的反映论变成被动的、消极的只适应于感觉阶段的旧唯物论。应该说，这倒是对辩证唯物论一个相当严重的歪曲。”②

倘若单从列宁《唯物主义与经验批判主义》一书原文来看，其中的朴素反映论，即认为思维能像镜子一般对现实进行反映，实在太过简单、粗糙，因此朱光潜的批评实际上并没有错。其他学者如李泽厚，为了肯定该书的论述，并将其移植到美学中去，实际上是从论者本人对反映论的完善、发展了的认识，结合了列宁后期著作中的补充观点，来阐释、评价的。在该期的语境之下，他们维护主流的意识，自然更容易得到多数的肯定。

面对强大的批评，朱光潜过了几年，才对自己的这种两阶段论（“反映论—意识形态论”）进行了简单的检讨，与此同时，却将更多的笔墨放在论证自己的初衷——“肯定社会意识形态与一般反映自然现象的意识形态之间的分别”——的正确性上③。

---

① 周来祥.反对美学中的修正主义——评朱光潜先生美学观的新发展［J］.新建设，1958（1）：39－47；洪毅然.美是客观存在的性质，还是意识形态的性质？［J］.新建设，1958（4）：53.

② 李泽厚.美学论集［M］.上海：上海文艺出版社，1980：69－70.

③ 朱光潜.朱光潜全集（第九卷）［M］.合肥：安徽教育出版社，1993：295－296.

4.3.3 对列宁反映论的补充：马克思的意识形态论和生产实践论

既然列宁的反映论已经不完全适用于审美和艺术过程的研究，朱光潜就设法用其他理论来进行补充和代替。除了引文中提到的马克思的意识形态论，朱光潜提出了一个更加重要也是全新的观点——马克思的生产实践论。在这篇文章中，马克思的意识形态论和生产实践论是被他相提并论，甚至等同起来的：他所说的“生产实践”，实际仅仅指“意识形态”的能动作用，即审美、文艺创作的“欣赏”和“创造”过程。朱光潜通过一张表格①，向我们展示了这种生产实践活动的全部过程和诸多方面。

美感经验过程

<table>
<tr><th>Ⅰ</th><th colspan="2">Ⅱ</th><th>Ⅲ</th></tr>
<tr><td rowspan="3">物本身（物甲）
（感觉素材）</td><td colspan="2">美感经验过程</td><td rowspan="3">物的形象（物乙）
（艺术品）</td></tr>
<tr><td>（甲）感觉阶段</td><td>（乙）欣赏或
创造阶段</td></tr>
<tr><td>应用感觉
反映原则</td><td>应用意识形态原
则和生产原则</td></tr>
<tr><td>原料</td><td colspan="2">劳动生产</td><td>成品</td></tr>
<tr><td>自然形态的</td><td colspan="2">反映自然与改造自然</td><td>意识形态的
（上层建筑的）</td></tr>
<tr><td>美的条件</td><td colspan="2">美的条件</td><td>美（产品的质）</td></tr>
<tr><td>自然性（自然
包括社会）</td><td colspan="2">社会性（意识形态的反映）</td><td>自然性与社会
性的统一</td></tr>
<tr><td>客观（认识和
实践的对象）</td><td colspan="2">主观（客观决定的）</td><td>客观与主观的
统一</td></tr>
</table>

① 朱光潜.朱光潜全集（第五卷）[M].合肥：安徽教育出版社，1989：81.

既然是意识形态的生产实践活动，就应有三个层面：原料、生产过程和成品。从表中可以看出，朱光潜将物本身、自然形态的物，即他所说的“物甲”，作为生产的原料；将物的形象、意识形态的物，即他所说的“物乙”，作为生产的成品。这种“物甲”与“物乙”之分，在朱光潜的《美学怎样才能既是唯物的又是辩证的》一文中就出现了，他还只是将前者作为美的条件，将后者作为美的主体，以论证他的美是意识形态性的，和美是主客观统一的观点。只有到了这篇文章当中，为了阐明审美活动是生产实践过程的观点，他才用原料、感觉素材和成品、艺术品的说法又进行了补充。

就美感经验过程的主要阶段，即欣赏或创造的阶段，朱光潜这样解释：

“这个阶段是一个生产过程。它需要注意力的高度集中，主观能动性和创造性的劳动。这种劳动是根据感觉素材来加以选择、组织、刻画、概括化、理想化乃至于夸张虚构，来塑造成创造者或欣赏者认为满意的具体形象。这一过程即一般所谓‘形象思维’。”①

在大致介绍了朱光潜在该文中首次引入的、基于马克思生产实践论的美学观之后，我们不禁要问如下两个问题：首先，这篇文章对于实践美学观的具体论证过程，尤其是对于马克思原著的引用和阐释，是否详细、准确、有说服力；其次，相比于他在美学讨论中的另一篇重要论文《生产劳动与人对世界的艺术掌握》，这篇文章对实践观点的论述，是否达到了类似的广度和深度？

要回答第一个问题，我们只要对朱光潜这篇论文中引用和阐释的马克思原著进行一个简单的检索。纵观全文，《论美是客观与主观

① 朱光潜.朱光潜全集（第五卷）[M].合肥：安徽教育出版社，1989：78.

的统一》一文中的相关论述，仅仅有两处。

就第一处也是主要的一处而言，在一个两百字左右的段落里，朱光潜各用一句话①，分别引用了马克思、恩格斯的《自然辩证法》《政治经济学批判》和《剩余价值论》三本书，论述了艺术起源于劳动生产、精神生产和物质生产并列但又不平衡的发展，以及资本主义是敌对于精神生产的三种观点。除了《自然辩证法》一书，朱光潜给出了中文的文献出处之外，其他两本书，他都没有给出引文出处。不标出处的做法，一般而言是不合朱光潜写作的惯例的，除非他是转引自别人，而原文也很难找到。而此处应该正是这种情况。尽管《政治经济学批判》一书已有中文译本，但朱光潜在其五六十年代的论文中，从来不引用这些译本；《剩余价值论》一书在该期不但没有中文译本，而且在苏联也才开始重新编辑、出版②。

因此这里较大的一种可能性是，朱光潜是通过阅读苏联或西方编选的马克思、恩格斯论文艺的选集，从中摘引出相关词句、观点的。这些选集，尤其是里弗西茨编译的《马克思、恩格斯论文艺》俄文版（1957 年出版第一次修订版），的确给马克思主义文艺理论研究带来了很大的便利；但研究者由此不再去研读原文，却也是一个容易导致的结果。这种情况也发生在朱光潜身上，在下文中的“艺术掌握”与“实践—精神掌握”的例子（来自《〈政治经济学批判〉导言》）中即有体现。

另一处则是朱光潜结合美学问题，对《手稿》中的“自然的人化”和“人的本质力量的对象化”两个概念进行的阐释。他这样说：

“‘客观现实变成了人的本质力量的现实’，这句话有两面含义。就一面说，主体客体化了，人‘对象化’了，人借对象显出他的本

① 朱光潜.朱光潜全集（第五卷）[M].合肥：安徽教育出版社，1989：68－69.

②《读书月报》编辑部.苏联准备出版马克思的一些著作［J].读书，1956（5)：25.

质力量；就另一面说，客体主体化了，自然‘人化’了，对象对于人之所以具有‘更多的东西’，是由于人显出了他的‘本质力量’，使它具有社会的意义。虽然历史前进，人日渐丰富着自然，自然也日渐丰富着人。眼力因自然愈丰富而愈丰富，自然也因眼力愈丰富而愈丰富。美感这种‘本质力量’也就是人类在长期认识自然和改变自然的实践过程中生长起来、发展起来的、丰富起来的。……他所要说明的是客观与主观两对立面统一的辩证过程。”①

我们要注意朱光潜进行这种阐释的上下文。这里朱光潜本来是在评论李泽厚根据这两个概念而展开的美学论述，因为它们是后者从《手稿》中引得的，因此朱光潜就顺便给出了自己的阐释。所以尽管朱光潜的阐释无懈可击，然而他这里论述的首要目的，并不是因为认识到这两个概念在美学研究中的重要性，而只是顺便发表一下自己关于《手稿》和这两个概念的看法。

事实上，对于《手稿》及这两个概念的深刻内涵和广泛应用，尤其是其在美学方面的巨大价值，朱光潜这时并没有深刻认识。在文章的主体部分，也就是朱光潜论证和运用马克思的“生产实践”原则之时，“自然的人化”和“人的本质力量的对象化”这两个概念都没有再出现。而艺术的“生产实践”过程也被朱光潜简单地等同于艺术家头脑中的典型化、形象思维过程，不管是艺术品、精神生产活动的其他过程（比如制作、流通过程），还是更为基本的物质生产活动——这些都是“人化”和“对象化”的重要内容——都被忽略了。李泽厚也批评道，朱光潜所认为的“人化的自然”，是指“社会意识作用于自然”，而非“通由人类实践来改造自然，使自然在客观上人化，社会化，从而具有美的性质”②。

① 朱光潜.朱光潜全集（第五卷）[M].合肥：安徽教育出版社，1989：57－58.
② 李泽厚.美学论集[M].上海：上海文艺出版社，1980：93.

根据上面的分析，我们可以得知：朱光潜在《论美是客观与主观的统一》一文中，并非通过阅读、理解马克思的一手原作，而提出马克思主义美学的实践观点。他此时的这种美学的实践观点，就理论广度和深度而言，也并不及他后来在《生产实践与人对世界的艺术掌握》一文中，根据马克思《手稿》中的“自然的人化”和“人的本质力量的对象化”等概念推出的实践美学观点。

实际上，朱光潜较为成熟的实践美学理论，是这两篇论文发表之间，即从1958年到1960年内形成的。这一期间，朱光潜直接为美学讨论所撰写的论文不多，他的主要精力集中在翻译、评论西方美学史以及外国当代美学著作上。然而恰恰从这些译介文章中，我们可以看出他的实践美学观点的资源和来源，主要为以下三个方面：黑格尔和英国马克思主义美学家考德威尔美学著作中的实践观点；苏联美学讨论中的“艺术掌握”派，尤其是涅多希文、塔萨洛夫等人的实践美学理论；马克思《手稿》中关于美学的实践观点的论述。在介绍这些理论来源和朱光潜的接受情况之前，我们再讨论一个问题——“形象思维”。

4.3.4 形象思维：一种认识活动还是实践活动

关于美感经验过程主要阶段的引文（见95页）最后一句中，朱光潜提到了“形象思维”一词。“形象思维”的意思是，艺术相比于哲学和科学，内容是一样的，但后两者用抽象的逻辑来思维，而前者用具体、直观的形象来思维。这一概念自黑格尔以来就有了（“美是理念的形象显现”），后来又由别林斯基确定下来；在19世纪后半期和20世纪上半期，在俄苏文艺理论界长期占据主流地位，因此可以说并不新鲜。

然而从50年代开始，随着苏联文艺界对“教条主义”“公式化”文艺创作现象的纠正，作为主流艺术理论的“形象思维”，又重新成为苏联学界争论的问题。本章开头提到的布罗夫，便认为要区分艺术和科学，不应从思维方式（形象思维、抽象思维）的差异，而应从艺术的独特对象，即人的生活和内心世界上，才可以推出艺术的特殊本质，即审美性质。美学讨论中的“艺术掌握”派学者，如塔萨洛夫和涅多希文，在对艺术的本质作规定时，也只采用“审美掌握”的概念，强调艺术不仅是一种认识、反映（“思维”）过程，而更是一种创造活动。这些关于艺术本质的新观点，“为六十年代苏联文艺创作、艺术理论中一度流行的‘自我表现论’‘统一风格论’提供了理论依据”①。

在中国学界，“形象思维”的概念，早在20世纪上半期就已经随着苏俄文艺和美学理论的译介，而为左翼文艺理论界所熟知。然而，随着苏联学界对这一问题的讨论，“形象思维”的问题再次引起了中国文艺理论界和美学界的注意。从50年代中期开始，巴人、蒋孔阳、李泽厚、温德富、霍松林等多位学者，就对其展开了争论。但他们的争论，主要集中在“形象思维”的具体过程：是“形象（感性）→逻辑（理性）→形象（艺术作品）”，还是“形象（感性）→典型化（选择、概括、集中）→形象（艺术品）”；就“形象思维”的本质，他们并无突破，还是将其与“逻辑思维”（“抽象思维”）并列，作为一种认识活动来看。比如李泽厚就说：

“思维，不管是形象思维或逻辑思维，都是认识的一种深化，是人的认识的理性阶段。人通过认识的理性阶段才达到对事物的本质的把握。形象思维的过程，在实质上与逻辑思维相同，也是从现象到本质、从感性到理性的一种认识过程。但这过程又有与逻辑思维不同的本身独有的一些规律和特点，这就是在整个过程中思维永远不

① 刘宁.五十一六十年代苏联美学界争论的几个问题［C］//刘纲纪，吴樾.美学述林（第一辑）.武汉：武汉大学出版社，1983：192.

离开感性形象的活动和想象。”①

在李泽厚这里，这一观点一直到70年代末，才被他自己推翻。在1980年的《形象思维再续谈》一文中，他明确提出“艺术不只是认识”的观点：

“可见，我理解艺术创作中的‘形象思维’，与‘否定说’、‘平行说’者不同，并不认为是独立的思维方式，而认为它即是艺术想象，是包含想象、情感、理解、感知等多种心理因素、心理功能的有机综合体。其中确乎包含有思维——理解的因素，但不能归结为、等同于思维。我也不认为它只是一种表现方式、表现方法，而认为它是区别于‘理论地掌握世界’的‘艺术地掌握世界’的方式。无论是实质上否认这种‘掌握’，把这种‘掌握方式’归结为、等同于或编派在一般逻辑思维的认识形式里（‘否定说’），或者是把这种掌握方式说成是与逻辑思维平行而独立的思维、认识（‘平行说’），我以为都是不对的。”②

李泽厚这里的观点，通常被认为是在“形象思维”问题上中国学界第一次重大的突破和创新③。然而仔细看来，这里的观点并不新颖。“形象思维”不是认识，而是想象的提法，这在1966年钱锺书、杨绛为西欧古典文论中关于“形象思维”问题选译资料的序言中，就已经有了④；而“艺术地掌握世界”的方式的提法，则是朱光潜

① 刘宁.五十—六十年代苏联美学界争论的几个问题［C］//刘纲纪、吴樾.美学述林（第一辑）. 武汉：武汉大学出版社，1983：230－231.
② 同上书，第558页。
③ 阎国忠.走出古典——中国当代美学论争述评［M］.合肥：安徽教育出版社，1996：205；夏中义.朱光潜美学十辨［M］. 北京：商务印书馆，2011：321.
④ 钱锺书等.关于“形象思维”的资料辑要［C］//古典文艺理论译丛编辑委员会.古典文艺理论译丛（第十一辑），北京：人民文学出版社，1966：1－4.

五六十年代从苏联“艺术掌握”派借鉴来的主要观点，也是蔡仪、洪毅然等人当时猛烈批评的对象。

在50年代，在“形象思维”成为中国学界的一个论述热点之时，朱光潜并没有对此进行较多论述。在上面的引文中，他仅仅是在论述美感经验过程时，用“形象思维”一词进行了概括。然而我们却因此发现，在将这两者等同起来的过程中，朱光潜已经毫无疑问地将“形象思维”视为“一种生产过程”了。上文中我们还提到，涅多希文是从三个方面对艺术掌握方式和科学掌握方式进行区分的。在这三方面中，形象思维和抽象思维之分，以及实践—精神的掌握和理论的掌握之分，本来是有关联的：形象思维对应实践—精神的掌握，而抽象思维对应于理论、科学的掌握。这种差异和关联在朱光潜《生产劳动与人对世界的艺术掌握》一文中和对涅多希文观点的阐释里都得到了体现（关于形象思维的一段阐释，在上文已经引用过；关于实践—精神的掌握的一段阐释，在下文中会引用）。

在60年代的《西方美学史》中，朱光潜更将“形象思维”作为一个核心线索，贯穿在对美学史上各种观点的阐述中。70年代末，在对《西方美学史》进行修订时，他在《关于四个关键性问题的历史小结》一章中，又专门增加了“形象思维：从认识和实践的角度来看”小节，用较多的篇幅，引用马克思《手稿》中的论述，论证了形象思维主要是一种实践活动的观点。

4.4 “自然的人化”和“人的本质力量的对象化”

在《美学》一书的译后记中，朱光潜揭示了黑格尔对于马克思美学思想的巨大影响，以及《美学》一书在他研究《手稿》乃至马克思的美学思想中的关键作用：

“马克思主义文艺理论中有许多观点都可以溯源到黑格尔的《美学》，例如人在劳动过程中改造客观世界中同时肯定自己和改造自己的实践观点，人的全面发展观点，‘外化’和‘异化’观点，资本主义社会不利于文艺发展的观点，典型环境和典型性格的观点等等都是如此。译者初读马克思的《经济学·哲学手稿》这部对美学极为重要的著作时，深以其艰晦难懂为苦，到译完黑格尔的《美学》以后再读这部手稿，比过去就稍懂得多一点，因此深信学习《美学》有助于深入学习马克思主义文艺理论。”①

在朱光潜看来，马克思的诸多美学、文艺理论，都可以追溯到黑格尔。而就他本人而言，他对马克思美学、文艺（其实还有相关的哲学）理论的深层理解，也是通过黑格尔的中介才实现的。的确，就美学、文艺问题而言，马克思并不如黑格尔那么系统、丰富和细致（他的精力主要放在政治经济学和科学社会主义上），但就有限的，尤其是《手稿》中的论述而言，他又大量继承了黑格尔的美学遗产。因此，对朱光潜而言，他必须积极吸收黑格尔学说中的有效成分来理解、阐释和发展马克思主义的美学、文艺理论。

在上面引文中，就黑格尔对马克思美学思想的影响而言，朱光潜列在首位的，也是最重要的观点是，“人在劳动过程中改造客观世界中同时肯定和改造自己的实践观点”。这其实就是我们上面说过的，马克思《手稿》中的“自然的人化”和“人的本质力量的对象化”两个关键概念的含义。为了论证黑格尔的这种实践观点，以及这种观点对马克思美学思想的影响，朱光潜在自己评介黑格尔美学思想的论文中，不但从一开始就对这一方面予以较大的篇幅，而且在此后的数年中，在对自己论文进行修改时，一次又一次地对这一内容进行增补。

① 朱光潜.朱光潜美学文集（第五卷）[M].上海：上海文艺出版社，1989：268－269.

在其1959年撰写的《黑格尔美学的基本原理》一文中，就黑格尔关于人与自然的辩证关系的论述，即“自然的人化”和“人的本质力量的对象化”，朱光潜便给予了相当的重视。他这样开始相关论述：

“须特别说明的是，黑格尔关于主观与客观（人与自然，我与现实世界）的辩证的看法是和我们一般人根深蒂固的形而上学的看法绝不相容的。在我们一般人看来，我和外在现实世界是绝对对立的：是我就只是我，里面不能有外在现实世界；是外在现实世界就只是外在现实世界，因其外在于我，里面就不能有我。……黑格尔却不这么看，他认为外在现实世界是人的认识和实践的对象；人在认识和实践之中，就在外在现实世界打下了人的烙印，人把他的‘内在的’理念转化为‘外在的’现实；同时，人作为心灵，就是他的认识活动和实践活动的总和，也就是和外在世界由矛盾对立而转化成的统一体。”①

为了论证这一观点，朱光潜引用了《美学》一书中的两段原文：

“有生命的个体一方面固然离开身外实在界而独立，另一方面却把外在世界变成为他自己而存在的：它达到这个目的，一部分是通过认识，即通过视觉等等，一部分是通过实践，使外在事物服从自己，利用它们，吸收它们来营养自己，因此在他的‘另一体’里再现自己。”

“只有在人把他的心灵的定性纳入自然事物里，把他的意志贯彻到外在世界里的时候，自然事物才达到一种较大的单整性。因此，

① 朱光潜.黑格尔美学的基本原理［J］.哲学研究，1959（8-9）：54-55.

人把它的环境人化了，使那环境可以使他得到满足，对他不能保持任何独立自在的力量。”①

根据这两段原文，朱光潜指出，马克思《手稿》中的“自然的人化”和“人的本质力量的对象化”两个概念，是来源于黑格尔的：

“从此可知，不但是人要在自然中才能实现人之所以为人，而且自然也经过人用实践活动来改变，才能成为自然之所以为自然。这是主客观统一原则中一个最深刻的意义。就是这种思想是黑格尔辩证法美学的真正的合理核心，也就是这种思想是马克思移置到辩证唯物主义的基础上而加以改造和发挥的。”②

两年之后，在将《黑格尔美学的基本原理》一文修改成《黑格尔美学的评介》（1961）时，对于黑格尔美学的实践观点这一部分，朱光潜又进行了大幅补充。就艺术创作与实践活动的关系，他引用了黑格尔书中的一个经典例子：

“例如一个小男孩把石头抛在河水里，以惊奇的神色去看水中所现的圆圈，觉得这是一个作品，在这作品中他看出他自己活动的结果。这种需要贯串在各种各样的现象里，一直到艺术作品里的那种样式的在外在事物中进行自我创造（或创造自己）。”③

朱光潜认为，人改造世界，同时也改造自己的过程，正是艺术的根源所在：

---

① 朱光潜.黑格尔美学的基本原理［J］.哲学研究，1959（8－9）：55.
② 同上。
③ 朱光潜.黑格尔美学的评介［J］.北京大学学报（人文科学版），1961（5）：31.

“很显然，黑格尔在这里是把艺术和人的改造世界从而改造自己的劳动实践过程联系在一起的。在这里我们看到美学的实践观点的萌芽。这是黑格尔美学思想的最基本的合理内核。”①

朱光潜特别举出马克思本人对于黑格尔这种实践观点的评价，来论证黑格尔这一观点的合理性，及其对马克思实践观点的影响。马克思这样说：

“黑格尔把人的自我产生（即‘自我实现’‘自我创造’或‘自肯定’——朱注）看作一种过程……这就是说，他看出了劳动的本质，他把对象性的人，真正现实的人，看作他自己劳动的产品。”②

就这样，朱光潜通过数篇论文和译作（除上面两篇论文外，他1958年选译的《美学》一书的关键章节，1958年出版的《美学》第一卷译著，以及1964年《西方美学史》中论述黑格尔的专章等，对该问题都有论述），论证了马克思实践美学观点的黑格尔来源。

但问题还有另一面——马克思在对黑格尔的实践观点进行继承的同时，也认识到了其由于哲学基础本身的问题，黑格尔在美学、文艺理论上，必然难免遭遇唯心主义的局限性。因此，朱光潜在肯定黑格尔的实践观点的同时，也必须要从唯物主义哲学基础出发，对这种美学、文艺理论予以批判和改造。前面说过，他最早从唯物主义立场对黑格尔美学理论展开的批判，是借鉴了卢卡奇对黑格尔美学的批评。在随后的《黑格尔美学的评介》一文中，他这样总结黑格尔美学的实践观点的缺陷和意义：

---

① 朱光潜.黑格尔美学的评介［J］.北京大学学报（人文科学版），1961（5）：31.
② 同上。

“因为站在客观唯心主义基础上，不能把实践理解为物质生产的体力劳动，黑格尔就无法充分发展他所隐约见到的美学上的实践观点。只有到马克思在《经济学哲学手稿》里把艺术和物质生产的体力劳动联系在一起，美学上的实践观点才真正建立起来。……这样，美学便由客观唯心主义的基础上，移置到坚实的辩证唯物主义的基础上。在这个新的基础上，黑格尔美学中的一些重要的思想，例如对于人与自然，理性与感性，以及认识与实践的辩证的看法，就通过批判而获得新的生命。”①

正如上面引文的最后的一句话指出的，黑格尔美学的实践观点并不因为马克思的《手稿》而失去它的意义。相反，正是在继承黑格尔观点的基础上，马克思才得以提出新的实践观点；而也正是在马克思的《手稿》中，黑格尔的实践观点也才得到正确的发展。

这一期间，除了翻译和评介黑格尔的美学著作之外，朱光潜还翻译了考德威尔的论文《论美》，并且撰写了评论。关于考德威尔这位英国马克思主义美学家，我们先前介绍过；他这篇文章写于30年代中期，我们不确定他是否读过当时刚刚出版的马克思的《手稿》。但是这篇文章的一个重要论述目的便是强调只有人的实践活动才是连接主观和客观的桥梁。对于坚持主客观统一观点的朱光潜，这篇文章无疑带来了很大的启发和支持。他这样总结《论美》一文的观点：

“作者的基本出发点是人在劳动实践中认识现实、改变现实从而也改变自己这一个马克思主义的基本原则。劳动过程或实践行动都是人（主体）对环境（现实、自然、客体）所产生的反应。在这反应中，人一方面根据对客观世界必然规律的认识，一方面根据自己

① 朱光潜.黑格尔美学的评介［J］.北京大学学报（人文科学版），1961（5）：31.

的主观的情感理想和愿望，要在客观世界中掀起一种改变，结果不但改变了环境，也改变了自己。……就具体生活来说，个人和环境总是借社会为中介项，在劳动过程中紧密地联系在一起的。我们可以说，人里面有环境的因素，环境里也有人的因素（‘人化的自然’）。所以研究人的任何一种反应，我们不能把人和环境拆开来彼此孤立，单就赤裸裸的人来着眼，或是单就赤裸裸的环境来着眼。如果这样做，那就不是辩证唯物主义的做法而是形而上学的做法。”①

从引文可以看出，朱光潜是将马克思《手稿》中的“自然的人化”概念与对考德威尔的评介结合在一起的。这和他将黑格尔的实践观点与马克思《手稿》中的实践观点联系起来的做法具有很大的相似性。将这三位美学家放在一起——黑格尔是马克思主义之前的、资产阶级的美学家，马克思是马克思主义的创始人，考德威尔则是20世纪的西方马克思主义美学家——他们所处的时代和背景如此不同，持有的观点却如此相似，正可以表明实践美学观点的说服力。而朱光潜本人也如此坚决地转向这种观点，也就不难理解了。

即便如此，朱光潜对马克思实践观点中的“人化”“对象化”“实践”等概念的理解，和最早引用《手稿》阐发这些概念，并将其应用到美学问题上的李泽厚，却存在着相当大的差异。李泽厚这样说：

“人类的实践活动，主要的和基本的是指人类的生产实践。艺术实践孤立的看来，与生产实践好像没有区别，因为它也实现着某个目的，也必须有感性物质的创造活动。但是，从整个社会来说，却

① 朱光潜.朱光潜全集（第五卷）［M］.合肥：安徽教育出版社，1989：175.

与生产实践有着根本的差别，因为生产实践才真正起着改造客观世界的能动作用，艺术实践却只是通过它所创造的作品能动地作用于人的主观世界（思想、意识）。而这，对整个社会来说，只是解决认识的问题，它在本质上只是一种反映，与审美观赏这种意识活动在本质上共同的，应同属于社会意识范畴。它的最终目的仍在反作用于生产实践，推动这种基本实践的发展，所以，正如实践是认识（意识）的前提，又是认识（意识）的归宿一样，就整个社会来说，生产实践是艺术实践的前提，又是艺术实践的归宿。”①

“我们认为，美的本质必然地来自社会实践，作用于客观现实（美是客观的），经过审美和艺术的集中和典型化（反映论），又服务于生活、实践（实践观点）。这就与朱先生主张美是人们主观意识作用于客观自然（美是主客观的统一），从而艺术（等于美）就是生产劳动（“实践观点”）的看法是恰好对立的。而这就是全部分歧的关键所在。”②

因此，在李泽厚那里，马克思所说的“人化”“实践”，仅仅指物质生产活动，这种活动起着决定的作用，是第一性的；审美和艺术活动仅仅是对“实践”的认识和反映，是第二性的。而在朱光潜这里，“人化”“对象化”和“实践”的形式，却不仅限于物质生产活动，而是包括了人的情感、意志、认识等精神的外化；就美学问题而言，便突出地体现为审美和艺术活动。

这种对马克思实践美学观点阐释上的差异，根源在于在研究马克思全部哲学、美学思想时，两者选择的角度、路径、资源的不同。李泽厚更多依据列宁的《唯批》，从传统的历史唯物主义和列宁的反

① 李泽厚.美学论集［M］.上海：上海文艺出版社，1980：158－159.
② 同上，第167页。

映论出发，强调马克思对唯心主义哲学、美学的颠覆，以及对唯物主义哲学、美学的建构。朱光潜则主要是通过翻译、研究《美学》一书，从黑格尔的哲学、美学观来解读马克思，强调马克思对黑格尔在这方面的承接关系。虽然沿袭卢卡奇，朱光潜也从唯物主义立场对黑格尔的唯心主义（“理念”的自产生、运动和发展）进行了批判，然而对于黑格尔强调精神生产活动，并从实践观点来研究审美、艺术问题的倾向，却依然表现出坚定的认可、赞同态度。

4.5 “人对世界的艺术掌握”

为了论证艺术、审美活动和物质生产活动，就作为一种实践活动而言，存在着一致之处，朱光潜还采取了诸多论证方法。其中最主要的一种，即借鉴上文提到过的、苏联美学家涅多希文依据马克思《〈政治经济学批判〉导言》中有关“艺术掌握方式”一段原文的论述，而提出的美学的“艺术掌握”说。

对于马克思的原文，涅多希文从多个方面进行了阐释。第一个方面我们已经说过，即艺术与科学的差别，就是形象思维与抽象的差别。然而涅多希文的重点还不在此，他更加强调的是“艺术掌握方式”与“实践—精神的掌握方式”的联系。他这样说：

“只能从理论上来推断对象，任何科学分析的实质就在这里。实践的、精神的把握要求通过现象的实在形式来再现所推断的对象。在这里是人再现对象，而这一对象已经成为被把握和被理解的对象了。

黑格尔很细致地把人的实践成为‘自己的加倍’。在物质实践中，人把自己的构思客观化于现实对象中：把一块矿石制成刮具，制造车床，耕种田地等等。在精神实践中，例如，在艺术中，人也是把自己的构思客观化于一定的对象中的。与此相反，人在理论创作中仅仅运用思想，也就是说，他停留（从形式来看）在自己的主观界限内。人在艺术地思考周围现实的时候，不由自主地感觉到需要把自己的这个思想体现为客观的对象。例如，希腊的雕刻家在思索人体的完美的时候，就铸造了多里弗尔的青铜像。”①

如果涅多希文的阐释还不免有些晦涩难懂的话，朱光潜则在此基础上，将这段话讲得更加明白：

“这段话的重要还不仅在于明确指出科学掌握方式和艺术掌握方式的分别，尤其重要的是在明确指出艺术掌握方式与实践精神掌握方式的联系。这是马克思的美学观点的中心思想。”②

这里涅多希文和朱光潜从上面提到的第二方面进行的阐释，用最简单的话来说就是这样：对世界的科学、理论的掌握，仅仅是一种认识活动；而对世界的艺术的、宗教的掌握，则是一种实践活动。这里不难看出，涅多希文和朱光潜都对马克思原话中的几个概念做了如下处理：先将“科学的掌握方式”与“艺术的、宗教的、实践—精神的掌握方式”对立起来，再将“艺术的和宗教的掌握方式”归属到“实践—精神的掌握方式”之下；因此“艺术的掌握方式”，也就近似，甚至等同于“实践—精神的掌握方式”了。

这种阐释方式带来的影响是巨大的。就苏联美学界而言，“艺术的掌握方式”这一概念自从被涅多希文发掘出来之后，就得到了一批学者如特罗菲莫夫、塔萨洛夫、戈尔登特利赫特、巴日特诺夫等

① 苏联《哲学问题》杂志编辑部.关于马克思列宁主义美学对象的讨论［C］//《学习译丛》编辑部.美学与文艺问题论文集.北京：学习杂志社，1957：68.
② 朱光潜.朱光潜全集（第九卷）［M］.合肥：安徽教育出版社，1993：191.

人的高度认可。在他们看来，因为人对世界的“艺术掌握”就等于对世界的“实践—精神掌握”，因此他们就用“艺术掌握”的概念，代替了“实践—精神掌握”的概念，从而将人对于世界的物质生产劳动、一般审美活动以及精神生产劳动，都看作是人对世界的“艺术掌握”的方式。在这些学者构建一个美学理论体系的过程中，虽然马克思的其他概念，如“自然的人化”和“人的本质力量的对象化”，也许更加重要，但是对于“艺术掌握”这一概念的认同，却使他们和其他学派区分开来。因此相比于美的本质问题上同属“社会派”的“审美特性”说而言，他们的学说就被称为“艺术掌握”说。

这一概念对于朱光潜的影响也是显著的，他的这篇极具代表性、影响也很大的论文，即以《生产劳动与人对世界的艺术掌握》为题。就论文内容而言，在引用了马克思的那句原文以及涅多希文的阐释之后，朱光潜便以“艺术掌握方式”与“实践精神掌握方式”的异同为线索，展开全文的讨论：在小农业和小工业社会，两者还是统一的；在资本主义社会，分工制和私有制造成了两者的分裂；到共产主义社会，两者又恢复了统一。这种做法——将物质生产与审美、文艺等同起来，作为“实践”的形式——较有成效地弥补了朱光潜先前对马克思主义美学中“实践”概念的认识的不足，即脱离物质生产，而单单讨论审美、文艺的实践。

然而涅多希文和朱光潜对马克思这句原话的阐释毕竟是有一定问题的。

首先，就原话所在篇章的主旨大意，以及该句在上下文中的作用，他们便没有把握好。《〈政治经济学批判〉导言》一书中的这段言论，本来是夹杂在马克思对政治经济学的研究方法的论述中的。马克思认为，政治经济学可以用两种方法来研究：一种是“从实在和具体开始，从现实的前提开始”，“完整的表象蒸发为抽象的规定”；另一种是“从抽象上升到具体的方法”，“抽象的规定在思维行程中导致具体的再现"①。他认为第二种研究方法是正确的，但同时却也着重指出，这种方式"只是思维用来掌握具体并把它当作一个精神上的具体再现出来的方式"，而绝非"具体本身的产生过程"——即黑格尔所认为的，"把实在理解为自我综合、自我深化和自我运动的思维的结果"②。经过了长长的一番论述后，马克思进行总结和重申，于是有了我们前面引用的这句原话及其上下文。如果全部引在这里，便稍微容易理解一些，译文和朱光潜的稍有不同：

"具体总体作为思维总体、作为思维具体，事实上是思维的、理解的产物；但是，绝不是处于直观和表象之外或驾于其上而思维着的、自我产生着的概念的产物，而是把直观和表象加工成概念这一过程的产物。整体，当它在头脑中作为被思维的整体而出现时，是思维着的头脑的产物，这个头脑用它所专有的方式掌握世界，而这种方式是不同于对世界的艺术的、宗教的、实践—精神的掌握的。实在主体仍然是在头脑之外保持着它的独立性；只要这个头脑还仅仅是思辨地、理论地活动着。因此，就是在理论方法上，主体，即社会，也一定要经常作为前提浮现在表象面前。"③

不难看出，原书中的这一大段话，只是为了论述现实和表象并非是思维的产物，而是客观存在于思维之外的观点；而科学的、理论的，与艺术的、宗教的、实践—精神的掌握方式之间的差异，仅仅是作为一个论据而提到的，绝非是马克思这里论述的重点问题。因此，涅多希文为了论证自己的"艺术掌握"的概念，以及由此衍

① 马克思.《政治经济学批判》序言、导言［M］.中央编译局，译. 北京：人民出版社，1971：22－23.

② 同上，第23页。

③ 同上，第24页。

生出的一个体系，将源头追溯到马克思的一处关联不大的论述上去，依靠只言片语来为自己提供理论支撑，显然是缺乏说服力的。朱光潜在引用这句话和涅多希文的阐释作为自己的依据时，似乎同样没有对《〈政治经济学批判〉导言》作仔细的阅读或全面的研究。查阅朱光潜的引文出处①，便可以发现，他参考的并非《〈政治经济学批判〉导言》全文，而只是苏联编译的《马克思、恩格斯论文学》中一个选段。

其次，在具体的句子、词语层面，涅多希文和朱光潜的阐释也不无问题。比如“实践—精神”一词，很少出现在马克思的著作中，在这句话中是什么意思，马克思也没有解释。甚至一直到80年代，这个词到底指什么意思，中国学界亦没有定论。涅多希文在使用这个词时，将中间的破折号去掉，拆成“实践”和“精神”两个词，有时单用“实践”一词来代替全词，有时单用“精神”一词。就这个概念而言，已经不仅仅是一个严谨不严谨的问题了：如果“实践—精神”一词不是指“实践”，那么涅多希文和朱光潜这里将“艺术掌握”和“宗教掌握”作为一种实践活动，就存在着根本性的问题。下面可以看到，对涅多希文、朱光潜对这句话的阐释，其他学者从若干具体的角度有力地进行了质疑。

李泽厚一派的洪毅然是最早从文本阐释角度进行批评的学者之一。他认为，马克思这里提到的四种对世界的掌握方式，可以作两种解法②。一种是将“科学的”与“艺术的、宗教的、实践—精神的”两者并列起来，那么“艺术的”“宗教的”和“实践—精神的”三者就又处于并列关系，谈不上将“艺术的”与“实践—精神的”等同起来——否则照此思路，岂不是要将“宗教的”与另外两者或

① 朱光潜.朱光潜全集（第九卷）[M].合肥：安徽教育出版社，1993：191.
② 洪毅然.论“人对世界的艺术掌握”及其相关问题——对朱光潜先生美学近著的几点质疑［J].学术月刊，1960（12)：42－43.

者两者之一等同起来？另一种则是将“科学的”与“艺术的、宗教的”方式并列起来，同时将后两者同归属为“实践—精神的”——洪毅然认为这就是朱光潜的观点——那么，为何“宗教的”方式是“实践—精神的”，而“科学的”方式反而倒不是呢？

与洪毅然方法类似，但是挖掘更深的，是蔡仪。他直接追溯到涅多希文那次讨论会上的发言，将马克思原文与他的阐释进行对比分析，认为“完全不对，根本错误，真可以说是一无是处”：

“他（涅多希文）引用马克思的那段话，却又篡改他的原话、歪曲他的原意。首先把所谓‘实践—精神的方式’提到特殊地位，把‘艺术的方式’从属于‘实践—精神的方式’之下；再把所谓‘审美的方式’代替‘艺术的方式’，也把它从属于‘实践—精神的方式’之下。更认为‘艺术’和‘审美’都是社会实践，并联系着所谓‘物质实践’，把它称为‘精神实践’。既然都是实践，也就都是把人的主观意识客观化于现实对象上去。于是合乎逻辑的推论，就必然引导到：现实对象的美不美决定于人的主观意识，也即客观事物美不美，不在于客观事物本身。”①

接下来，蔡仪比较了朱光潜的论述和涅多希文的阐释，得出这样的结论：

“这里（即朱光潜）所说的一套，不就和涅多希文所说的几乎完全一样吗？……因此这位美学家对马克思的言论的引用和解说，他所表现的手法和说法，我们对它还要说别的什么吗？再说也不过重复前面批评涅多希文的话罢了。”②

---

① 蔡仪.蔡仪文集（第四卷）[M].北京：中国文联出版社，2002：104.

② 同上，第125页。

不得不说，洪毅然和蔡仪两人的质疑乃至批判，是有相当道理的：涅多希文和朱光潜两人为了论证自己“艺术掌握”的概念和观点，引用了马克思一句并不特别相关的言论，并给予了自己不无问题的阐释，的确是说服力不够。然而洪毅然和蔡仪因为论证不当的问题，就因此决然否定“艺术掌握”与“理论掌握”的区别，以及“艺术掌握”和人对世界的实践掌握之间的联系，却也不无失误。

如果我们注意到上文马克思的原文、涅多希文的阐释以及朱光潜同期的论著，便不难发现一个共同之处——黑格尔的影响，在三者的文字之中都是一个显著的存在。在马克思原文里，他一方面将黑格尔哲学研究的方法——从抽象上升到具体的方法，借用到了政治经济学研究中，另一方面也针对黑格尔的“幻觉”——把具体理解为抽象的思维的自运动的结果，予以了批判。而涅多希文和朱光潜将艺术掌握与理论掌握区别开来，以及将艺术掌握和实践—精神的掌握联系起来，表面上的理论依据是《〈政治经济学批判〉导言》中的那句话，而实质上的理论基础，则是黑格尔对实践和认识的区别，以及对实践的本质的论述。

1958 年 1 月，《文艺理论译丛》刊物登载了朱光潜翻译的，当时尚未出版的《美学》第一卷中的部分章节。对比他次年撰写的《黑格尔美学的基本原理》一文，不难看出，这些章节基本代表了朱光潜认为的、《美学》一书中的关键内容。在译者自加的节标题《艺术的需要——认识与实践》之下，有这么一段话：

“人以两种方式获得这种对自己的意识：第一是以认识的方式，他必须在内心里意识到他自己，意识到人心中有什么在活动，有什么在动荡和起作用，观照自己，形成对于自己的观念，把思考所发现为本质的东西凝定下来，而且在从他本身召唤出来的东西和从外在世界接受过来的东西之中，都只认出他自己。其次，人还通过实践的活动来达到为自己（认识自己），因为人有一种冲动，要在直接呈现于他面前的外在事物之中实现他自己，而且就在这实践过程中认识他自己。人通过改变外在事物来达到这个目的，在这些外在事物上面刻下他自己内心生活的烙印，而且发现他自己的性格在这些外在事物中复现了。人这样做，目的在于要以自由人的身份，去消除外在世界的那种顽强的疏远性，在事物的形状中他欣赏的只是他自己的外在现实。"①

黑格尔这里谈到了人"获得对自己的意识"的两种方式，即认识和实践。如果我们将他对这两种方式的定义和区分，与恩格斯、列宁以来的正统马克思主义理论家对这两者的定义和区分对比来看的话，便不难发现：前者所谓的"实践"并非是后者所指的物质生产（这在前面已经说过）；前者所指的"认识"同样并非是后者所指的相对于经济基础而言的意识形态，而仅仅是指科学的、理论的认识。换句话说，黑格尔并不看重两种实践形式（即精神实践与物质实践）之间的差异，而看重这两者在实践性上的共同点以及它们与作为认识的科学和理论的差异。

若将黑格尔对认识和实践的定义和区分，与涅多希文、朱光潜强调的艺术掌握方式与实践—精神的掌握方式之间的联系以及这两者与科学的、理论的掌握方式之间的区别对比起来看的话，便可发现，涅多希文、朱光潜所谓的"艺术掌握方式""实践—精神的掌握方式"，等等，其实就是黑格尔所说的"实践"，而他们所谓的"科学的、理论的掌握方式"，其实就是黑格尔所说的"认识"。只是因为单凭黑格尔并不具备足够的说服力，所以他们才特意从马克思的一篇关联并不大的文章中找出一些只言片语，牵强附会地给予解释，

---

① 黑格尔. 论美为理念，即理性与感性的统一［J］.朱光潜，译.文艺理论译丛，1958（1）：76－77.

形成一种马克思本人也有过相关论述的印象。朱光潜对黑格尔的引用、评述前面早已谈过，就涅多希文而言，我们也有充分的证据表明他的这种区分是来自黑格尔——在上面的引文中，他便特意引用黑格尔的论述，如“物质实践”和“精神实践”的共同点，以及这两者与“理论创作”之间的差异，等等。

除了黑格尔之外，朱光潜其实也利用了考德威尔的美学观点，来支撑自己对审美、艺术与物质生产，即“艺术掌握方式”与“实践—精神的掌握方式”同一性的论述。他在评论《论美》一文的时候说：

“作者对于美下了这样一个定义：‘每逢以社会方式认识到的事物之中的情感因素表现出社会性的安排，在这里我们就有了美，也只有在这里我们才能有美。这种安排工作就是艺术。这个道理可以适用于一切以社会方式认识到的事物，例如房屋、姿势、叙述、描写、教训、歌唱和劳动。’……用作者的话来说，艺术制约着本能，使它们适应环境，因而就改变了这些‘本能’。换句话说，艺术解决了本能与环境之间的矛盾，正如一切劳动过程或实践行动都是如此。通常作狭义用的艺术如图画、音乐、诗歌、戏剧之类，目的就只在安排或控制情感，但是此外一切社会产品如房屋、姿态、法律、劳动和政治形式之类，也都含有对情感因素作社会性安排的意味。从此可知，作者把艺术和美的范围看得很广，不仅限于狭义的艺术。”①

这里朱光潜借助考德威尔之口告诉我们：“一切劳动过程或实践行动”，“例如房屋、姿势、描写、教训、歌唱和劳动”，和狭义的艺术有着相通之处，即都“解决了本能与环境之间的矛盾”，因此都在

① 朱光潜.朱光潜全集（第五卷）[M].合肥：安徽教育出版社，1989：179.

"艺术和美的范围"之内，即都属于广义上的艺术和审美活动。

4.6 美学研究的对象

本文一开始说过，1956年苏联《哲学问题》编辑部举办了关于美学研究对象的讨论会。这次讨论会的内容发表之后，随即被译介成汉语，登载在国内译介苏联的主要杂志《学习译丛》上。这一时期中国的美学讨论中，美学研究的对象之所以成为一个主要的问题，来源即在于此。20世纪50年代末，朱光潜、洪毅然、蔡仪等人对这次讨论会进行了引用和评论，但影响并不大。直到60年代初，姚文元、庞安福等人就此问题，从激进立场对朱光潜的观点进行了批判，引起朱光潜、马奇、李泽厚等人的反驳，才激起了较大的争论。1961年，中国美学讨论后期的主阵地——《新建设》编辑部，也就此问题组织了一场数十人的座谈会。

苏联学界的这次争论翻译过来不久，朱光潜就在自己美学讨论中的重要文章《论美是客观与主观的统一》中给予评述，这在国内属于首次。在这篇文章中，他在论证了对美感经验过程的研究，不光要使用列宁的反映论原则，更加需要使用马克思的意识形态原则和生产实践原则后，提出这样一个问题：

"我们应该提出一个对美学是根本性的问题，应不应该把美学看成只是一种认识论？……依照马克思主义把文艺作为生产实践来看，美学就不能只是一种认识论了，就要包括艺术创造过程的研究了。苏联近来有人主张美学和文艺学合流，从这里所提的理由看，这个主张是值得郑重考虑的。"①

① 朱光潜.朱光潜全集（第五卷）[M].合肥：安徽教育出版社，1989：70.

如果说朱光潜这里讨论美学对象问题，只是在论证美学的生产实践原则——以及在这一原则下，艺术美就比自然美重要——时顺带提到，那么洪毅然紧接其后发表的论文《论美学的研究对象——美学与艺术学的区别》，则专门就这个问题进行了讨论。这篇文章中，洪毅然不但详细介绍了苏联的这次讨论会，也明确给出了自己的观点："美学既要研究自然界与艺术中一切客观现实本身的美——即美的存在诸规律，又要研究作为那种美的存在反映于人类头脑中的一切审美意识——即美感经验和美的观念的形成及发展诸规律。"①

可见，洪毅然基本上沿用了普齐斯对美的对象的定义。除此之外，他还将普齐斯一派的理由也照搬过来：首先，美学要作为一门学科得到发展，就要和艺术学区分开来，拥有自己独立的对象；其次，不明确区分美学和艺术学，就会"有意无意不从事或放松了对于审美意识本身及美的客观事物的美的实质、性质和功能一系列问题的研究"②；最后，应该将普齐斯提到的"实用艺术、工艺品、商品包装"的美，也列入美学研究的对象之中。

同样在1957年，蔡仪也就美学研究对象问题作了一次演讲。因为这篇演讲稿要到80年代才整理发表出来，因此在本期美学讨论中长期不为人所知。蔡仪将美学对象分成三块：现实的美、美的认识即美感、美的创造即艺术。他特别强调："我们立论的基础，或者说我们美学理论的出发点，是认为客观现实中有美的事物，即根据现实的美的事物来考察它的美。"③

这篇演讲也是从苏联那次讨论会说起的，因此蔡仪从一开始就对涅多希文的定义进行批评："在这个定义中，可以看出的一个特点，就是没有提到美，而只说是研究审美的实质和一般规律，首先

---

① 洪毅然.论美学的研究对象——美学与艺术学的区别［J］.新建设，1957（9）：39.
② 同上，第38页。
③ 蔡仪.美学演讲集［M］.武汉：长江文艺出版社，1985：13.

是研究艺术的实质和一般规律。由此还可以看出，这个定义认为美学的对象总是离不开人的，离不开人的意识活动的。这也就是说，这个定义实际上是不承认有什么客观的美，更不承认自然界的美。”①

不难看出，洪毅然和蔡仪两人，虽然都不拒绝美学中研究艺术，然而相比于艺术，实际更加强调对自然美、社会美、美的规律和（哲学、科学视角下的）审美意识的研究。这是跟他们一直以来在美的本质、自然美与艺术美的关系等问题上的观点分不开的。比如在蔡仪的《新美学》中，艺术美只是将现实中已有的美（自然美、社会美），通过艺术手段体现出来：

“艺术是根据现实而创造的，根据现实的美的根源而创造的。无论自然美也好，社会美也好，都可以成为艺术的根源，若是没有自然美和社会美，一切现实中没有美的根源，也就根本没有艺术美了。”②

因此在美学对象这一问题上，蔡仪和洪毅然的共同点，也就是他们与朱光潜的分歧，最终都可以归结到三人对美的本质、现实美与艺术美的关系两个问题的观点上去：美是客观存在的，还是主客观统一的？现实美与艺术美，哪个更根本、更重要？倘若倾向于前者和前一种答案，则强调客观、现实的美和美的规律；倘若倾向于后一种答案和后者，则强调人的审美实践及其最高体现——艺术。

苏联的这次讨论会，以及美学对象作为一个问题，除了上述三位学者之外，并没有引起应有的注意：此后的两年间，除了姚文元发表在《文汇报》上的一篇短文之外（下文将会谈到），美学讨论的主要刊物上面，几乎没有关于这个问题的讨论。这一问题开始引起多数美学讨论参加者的重视，还要等到1960年3月的《新建设》上

① 蔡仪.美学演讲集［M］.武汉：长江文艺出版社，1985：13.
② 蔡仪.蔡仪文集（第一卷）［M］.北京：中国文联出版社，2002：344.

刊登了朱光潜专门论述美学对象的《美学研究些什么？应该怎样研究美学?》一文。

这篇文章中，朱光潜先详细回顾了苏联1956年那次讨论会的情况，陈述了涅多希文、普齐斯两派以及编辑部的观点和理由，接着介绍苏联近年来对这个问题的研究现状，得出“从近三年的苏联美学发展的趋势看，赞成美学以艺术为中心对象的居绝大多数”① 的结论。在文章的主体部分，他从美学史、社会功用和方法论三个方面入手，大量引用该期苏联美学家，如涅多希文、苏瓦洛夫、布罗夫，以及保加利亚哲学家巴甫洛夫关于这一问题的论述，来论证这一观点。

整体看来，这篇文章基本上可以算是一篇对于苏联学者关于这一问题的论述的“翻译”。事实上，就这种对苏联观点的参考、引用，朱光潜本人并不讳言，在随后的一篇文章中，他自己写道：“在这三点之中，我只是在美学史观点那一节参杂了一点自己的意见，连这一点意见也还是受了苏瓦洛夫的启发。在实用观点上我完全采取了苏瓦洛夫的话；在方法论观点上我完全采取了巴甫洛夫院士的话。”②。

在这篇文章中，我们要注意的有以下两点：首先，朱光潜是从中国美学讨论的实际问题、情况出发，来讨论美学对象的问题的。在文章一开始，他就这样写道：

“在国内美学界，美学对象是一个尚待解决的问题。从过去几年美学讨论看，大家都纠缠在‘美’这个概念上。可以说，多数人(特别是在‘自然美’这个问题上纠缠不清的人们）似乎还有意或无意地坚持‘美学就是研究美的科学’那个传统的看法。所以关于这个问题有进一步讨论的必要。”③

---

① 朱光潜.朱光潜全集（第十卷）[M].合肥：安徽教育出版社，1993：177.
② 同上，第218页。
③ 同上，第178页。

朱光潜这里非常清晰地指出，中国美学讨论中，不同美学家在美学对象问题上的分歧，与他们在美的本质、自然美（社会美、现实美）问题观点上的分歧，是存在着必然联系的。所以，朱光潜这里对美学对象的讨论，实际上还是将其作为美的本质、自然美问题的论证和延伸来看的。于是，他接下来就通过论证美学的对象主要是艺术，力图推翻蔡仪的美是客观事物属性的观点。比如他引用苏瓦洛夫的话："美学把注意力导向艺术掌握的研究，它首先要研究的是艺术发达的、集中的也是最高的形式，那就是艺术；只有通过艺术的媒介，美学才研究现实现象中的审美性质。"① 这就是说，没有艺术美，就没有现实中的审美性质，即自然美或现实美；而艺术美中是少不了"人"的，因此自然美、现实美中也都少不了"人"——也就是说，没有脱离"人"而客观、独立存在的美。

其次，朱光潜这篇文章中关注的三个方面中，最新颖也是重要的观点，就是他借鉴的巴甫洛夫关于美学方法论的两个基本原则。

"美学是处在哲学和各别艺术理论之间的一门科学。就对上的关系来说，它是哲学的一个部门；哲学所研究的是一般，是意识反映存在或人掌握现实的普遍规律，而美学所研究的这一般下面的特殊，是关于人用艺术方式掌握现实的规律。就对下的关系来说，美学又是各别艺术理论的共同基础，它所研究的是一般，即各种形式的艺术掌握的普遍规律，而各别艺术理论（例如音乐理论、文学理论）则研究各自的特殊规律。这里界线本是很分明的。但是从辩证观点看问题，一般包含特殊，特殊见出一般，所以在科学的定义中既要给类性（一般），又要给种差（特殊）。"②

---

① 朱光潜.朱光潜全集（第十卷）[M].合肥：安徽教育出版社，1993：182.
② 同上。

接着朱光潜引用苏瓦洛夫等人的观点，指出苏联以往美学研究对这两条原则的偏离。在第一条上，“比较常见的是让美学停留在哲学阶段，停留在一般原则，如艺术反映现实，艺术是一种意识形态，艺术是形象思维之类，没有足够地重视艺术之所以为艺术的特殊性”①。接着他转到苏联美学研究的现状上来：

“最近三四年以来，苏联美学的一个重要的发展与转变就是要求找出艺术的特殊性的呼声是强烈而普遍的，其中主要的代表人物是布罗夫。他的《论艺术的审美本质》（1956年）的出版是在苏联和东欧各民主国家中轰动一时的事件。尽管他的个别观点还在引起争论，他的‘找特点’的要求却已博得美学界一致赞同，而且在近两年苏联一些美学论著里已显示出他的深刻的影响，这就是说，‘找特点’的企图日渐多起来了。”②

朱光潜引用苏联的例子，是为了批评中国美学讨论的落后现状：“指出这些偏向，对于我们美学界是有特殊意义的。在美学讨论中停留在一般哲学原则的偏向也是存在的。例如我在《美是主客观的统一》里强调科学掌握世界与艺术掌握世界的分别，就有人责备我割裂科学和艺术，割裂真和美。”③ 正因为此，要提高美学理论和艺术实践的水平，就要将两者结合起来，突出艺术创作中的审美因素，并且用美学理论来指导艺术创作和评论，并用艺术实践来验证、发展美学理论。

在第二条上，苏瓦洛夫指出，苏联美学讨论中，有人要求“美学解决‘苏联歌曲的音乐语言的发展，苏联音乐种类的发展，新的

---

① 朱光潜.朱光潜全集（第十卷）[M].合肥：安徽教育出版社，1993：183.
② 同上。
③ 同上，第184页。

音乐形式的形成'之类问题，并且研究苏联一些新近音乐的作品的'风格特点'"[①]。朱光潜接着联系中国美学现状，指出了美学讨论中的两种错误倾向：一种是认为"作为研究艺术掌握的一般规律的美学应解决音乐、戏剧、电影等各别艺术中的特殊问题，如技巧、风格、种类等"；另一种则是忽视美学的一般理论、概念、逻辑、原则，单单强调各别现象和事实，"一味在经验事实里兜圈子"。

这两种倾向中，朱光潜关注更多的是后一种，认为它会导致美学"陷入经验主义，而经验主义必然会把美学引到死胡同里去"[②]。就这种现象，他在文章中并没有举出具体的例子，但我们却不难发现他实际上是有针对性地提出的，目的是批评另一位评论家的观点——这就是前面提到的姚文元的《照相馆里出美学——建议美学界来一场马克思主义的革命》一文。

1958年6月，该期中国崛起的文坛"新秀"姚文元，在上海的《文汇报》上发表了这么一篇文章。文章篇幅很短，也没有涉及美学讨论中的任何具体问题，而是从时事评论的角度展开的。他从批评中国美学研究历来"圈子太小，脱离实际""缺乏朝气""发展速度慢"[③]开始，谈到了该期的美学讨论。其中朱光潜是他的主要批评对象：

"解放以后，对朱光潜先生的资产阶级美学展开了一系列的批判，对美学问题展开了辩论，……但是，在研究方法上，由于跟着朱光潜先生的论点打转，很受了些形而上学方法的影响，讨论的内容，局限在抽象地讨论美和美感的定义及相互关系上。对于美学研

① 朱光潜.朱光潜全集（第十卷）[M].合肥：安徽教育出版社，1993：183－184.

② 同上书，第184页。

③ 姚文元.照相馆里出美学——建议美学界来一场马克思主义的革命［C］//《文艺报》编辑部.美学问题讨论集（第四集），北京：作家出版社，1959：180.

究的根本方向，还不明确；为工农兵服务、为建设社会主义的新生活服务、为生产服务的方针，还没有在实践中真正贯彻。”①

接着，他从新中国成立后一家照相馆橱窗布置的改变，引申出他对于美学对象的看法：

“如果美学家能够具体地研究生活中各种美和丑的事物，研究各种审美观点及其相互联系和发展变化，研究环境布置、生活趣味、衣裳打扮、公园设计、节日游行、艺术创造、风景欣赏以至挑选爱人等等的美学问题，不以这些东西为‘低级’，并坚持宣传共产主义的美学理想，坚持和生活中资产阶级审美趣味作斗争，来一番马克思主义的大革新；那我敢说，不但群众会热烈欢迎，美学本身也会向前跃进一大步的。”②

姚文元这篇短文的发表，是和中国当时的历史语境分不开的。主张民众从对自然和日常生活的重新审视开始，改造自己的世界观和人生观③，也是这些创作和研究中的一个目标：将姚文元这里提出的美学对象，与该时期的文艺创作（如“新民歌运动”中的《红旗歌谣》）的对象相比，可以看出本质上的近似。

在这种环境下，姚文元的观点得到了一些人的响应乃至赞同，便不足为奇了。另一位年轻学者庞安福，沿着这种思路，也展开了

---

① 姚文元.照相馆里出美学——建议美学界来一场马克思主义的革命［C］//《文艺报》编辑部.美学问题讨论集（第四集），北京：作家出版社，1959：180.

② 同上，第 181 页。

③ 需要指出的，姚文元这种“日常生活美学”，和同期西方马克思主义学者列斐伏尔提出的“日常生活批判”，虽然在表面上相似，在实质上却是截然相反的。姚文元的出发点，是将官方、主流的意识形态，通过日常生活的途径，灌输到民众的脑中；而列斐伏尔的出发点，则是倡导民众通过对日常生活进行重新审视、选择乃至改变，从而对资本主义社会占主流的，然而却是异化了的意识形态、生活方式展开批判。

对朱光潜式的美学研究的批判：

> “在美学研究对象问题上，我们与朱光潜先生有着根本分歧。美学研究有两条路线：一条是马克思列宁主义的美学研究方向，它贯串着无产阶级的革命现实……始终把现实美做为直接间接的研究对象；一条是主观唯心主义的美学研究方向，它根本反对美学的革命观点，把‘艺术’当成唯一的研究对象……这是为资产阶级服务的美学。”①

对于姚文元、庞安福等人而言，要建立起一种“马克思列宁主义的美学研究”，光靠激烈的表态毕竟还是不够的。在经过几年的美学理论补习之后，1961 年初姚文元在《文汇报》上发表了第一篇正式的长篇论文《论生活中的美与丑——美学笔记之一》（从这一年起的三年间，共有七篇这种《美学笔记》问世，其中第二篇是专门答复朱光潜的批评的）。从文章题目不难看出，他是参考了车尔尼雪夫斯基“美是生活”的观点来写的。因此文中举出的大量“美”和“丑”的实例——如绿色的织物、万紫千红的花、高级动物等是美的，而枯黄的叶子、光秃秃的树干、爬行类、无脊椎动物是丑的，以及得出的美的特性——发展性、新鲜性、生动性、多样性和统一性，多数带有车尔尼雪夫斯基的烙印——从主观、感性印象出发，以自然、社会进化序列的高低为标准，将较高的举为美的，将较低的打成丑的。沿着这种逻辑，他以简单的道德标准和时代精神，将事物划成美的或丑的两大类，如拿着《毛选》的工人、持枪挺立的战士、抱着麦穗的农民是美的，而美帝国主义者、地主黄世仁、资产阶级打扮的妇女则是丑的，从而将美学研究变成简单、庸俗的宣传、鼓动方式。

---

① 庞安福.艺术美的实质及其它——兼与朱光潜先生商讨美学研究对象的问题［J］.新建设，1960（12）：55－56.

针对姚文元等人的这种倾向，除《美学研究些什么？应该怎样研究美学?》一文之外，朱光潜还相继在《新建设》和《文汇报》上发表了《了解了艺术美，有助于了解现实美》和《从姚文元同志的美学观点谈到美学中理论与现实的结合》两篇文章，并在《新建设》编辑部组织的美学问题讨论会上发言，批评姚文元文中的形式主义、主观主义倾向，生物学、生理学的标准，以及将现实与艺术对立，将经验与理论对立的弊病。与此同时，美学家马奇也发表了反驳洪毅然和姚文元的文章《关于美学的对象问题——兼与洪毅然等同志商榷》①，明确提出美学的对象就是关于艺术的一般理论。朱光潜和马奇的主要观点基本一致，然而在某些问题上，他们却也不无分歧。比如在前者这里，艺术既包括绘画、雕刻、音乐、文学等，也包括人类的生产斗争、阶级斗争，以及对现实的一般审美活动；而在后者这里，艺术就只包括前一种，而不包括后一种。

将“艺术”概念扩大化的倾向，最早体现在朱光潜《美学研究些什么？应该怎样研究美学?》一文中。和马奇不同，朱光潜虽然将艺术作为美学的对象，但为客观起见，他也使用了另一种提法，即“对世界的艺术掌握”。前面多次说过，这是由涅多希文最早提出的，而为朱光潜在《生产劳动与人对世界的艺术掌握》所沿用的提法。“艺术掌握”不同于“艺术”，后者只是前者的三种方式——生产和阶级斗争、对现实的一般审美活动，以及艺术——之一；但在“艺术掌握”的三种方式中，“艺术”却又是最高级、最完备的形式。

但是在这篇文章乃至之前的文章中，这种“艺术掌握”的提法毕竟还是次要的，艺术才是朱光潜所认为的美学的对象——《美学研究些什么？应该怎样研究美学?》一文里，他对艺术详加讨论，对

---

① 马奇.关于美学的对象问题——兼与洪毅然、姚文元等同志商榷［J].新建设，1961（2－3)：44－55.

其他方式则一笔带过。在与洪毅然、姚文元等人论辩的过程中，朱光潜逐渐意识到只谈艺术美，不谈现实美，会给论争对手留下攻击的口实。因此，从《了解了艺术美，有助于了解现实美》一文开始，他对先前的提法做了调整，不仅谈艺术美，也谈现实美。他认为艺术和现实并不对立，现实中有艺术，艺术也还是一种现实；研究艺术美也要涉及现实美，研究艺术美更可以促进研究现实美。

在《新建设》编辑部组织的美学问题讨论会上，现实和艺术的关系成为一个重要问题。朱光潜提出，作为美学对象的“艺术”，应该将生产斗争和阶级斗争，亦即这种“现实”包括在内①。就此，若干学者表示了反对，认为朱光潜混淆了现实社会和意识形态、反映和被反映关系间的差别②。作为回答，朱光潜指出：自己所用的“艺术”概念，已经不再是先前狭义上的艺术，而已经是广义上的“艺术”，即“艺术掌握”的概念了③。到这里，我们可以看出，苏联美学讨论中的“艺术掌握”说，无论是在美的本质、艺术本质等主要问题上的观点（前面说到的），还是在美学对象等次要问题上的观点，都已经牢牢扎根在朱光潜的马克思主义美学理论中了。

4.7 马克思早期著作中的美学思想

相比于黑格尔、考德威尔和苏联美学家的著作，马克思本人的（主要是早期）著作，尤其是《手稿》中关于美学问题的论述，在论证审美、文艺与物质生产的同一性，以及马克思主义美学的其他问题上，无疑具有更大的说服力。而这也正是朱光潜最为着力的方

① 《新建设》编辑部.探讨美学研究中的几个问题——本刊编辑部邀请北京部分美学、艺术工作者座谈［J］.新建设，1961（2－3）：59.
② 同上。
③ 同上。

面——他主要从《手稿》一书出发，同时结合马克思、恩格斯的其他著作，着重论述了马克思这些著作中展现出来的以下几个方面的观点：美的规律；美感、艺术的起源和发展；以及审美、艺术的历史，与生产史的同步关系（这最后一点在马克思主义美学界、文论界争议不大，因此本文不予讨论）。前面说过，这种通过阐释马克思早期著作（借助了苏联美学理论、西方美学史和西方马克思主义美学等资源）来建构马克思主义美学理论的行为，由于其在该期国内学界时间上的超前性、观点上的独特性、影响上的广泛性等原因，构成了朱光潜的译介活动的一个重要方面。

4.7.1 美的规律

将物质生产和审美活动联系在一起的，在马克思《手稿》中有一个重要依据，即“美的规律”的概念，这也是该书中直接论述美学问题的几段句段之一。朱光潜在《生产劳动与人对世界的艺术掌握》一文中这样翻译：

> “动物固然也生产。它们营造巢穴居所，例如蜜蜂，海狸，蚂蚁等等。但是动物生产，只供自己或子女的直接需要；它们只是片面地生产，而人却普遍地生产。动物只有在受直接的肉体需要的支配时才生产，而人却能离开肉体需要而生产，而且他也只有在能离开肉体需要时才算真正地生产。动物只造成它们自己，而人却再造整个自然，动物的产品直接属于它的肉体，而人却自由地面对着他的产品。动物只按照它所属的那个种族的特有标准和需要去制造事物，而人却会按照每一种族的标准去制造事物，并且还会到处运用对象的内在的标准。所以人还能按照美的规律去制造事物。”①

① 朱光潜.朱光潜全集（第九卷）[M].合肥：安徽教育出版社，1993：194.

这段话从20世纪30年代开始，就经俄语、日语译本的马、恩文艺选集，为周扬、楼适宜、蔡仪等人所注意，并被他们收入自己编著的马克思主义美学、文艺理论选集、专著中；五六十年代天蓝、林枚生、刘慧义、高叔眉、何思敬、杨成寅、宗白华、吕荧、朱光潜、李泽厚、曹葆华等人，又分别提供了他们从各种语种翻译、转译的译文①。但对于这段文字进行了较详细的阐述，并用来支撑、形成自己的美学理论的，主要还是蔡仪、朱光潜和李泽厚三位学者。他们在翻译、阐释这段话上的差异，集中体现在“对象的内在的标准”和“美的规律”这两个概念的理解上。马克思的原文是这样的：

“Das Tier formiert nur nach dem Maß und dem Bedürfnis der species, der es angehört, während der Mensch nach dem Maß jeder species zu produzieren weiß und überall das inhärente Maß dem Gegenstand anzulegen weiß; der Mensch formiert daher auch nach den Gesetzen der Schönheit.”②

这句话倘若直译出来，就是何思敬译本的译法：“动物只依照它所属的物种的尺度和需要来造型，但人类能够依照任何物种底尺度来生产并且能够到处适用内在的尺度到对象上去；所以人类也依照美底规律来造型。”③ 这里“内在的尺度”是指什么的尺度——人的还是“所属物种”“任何物种”的——是不清楚的，因此就影响到下面“美底（的）规律”的解释——是“任何物种底尺度”，是

---

① 杨庙平.《巴黎手稿》与当代中国美学理论形态建构［D］.成都：四川大学，2007：22－24.

② MARX K, FREDERIC E. Marx-Engels-Werke, Bd. 40［M］. Berlin: Dietz Verlag, 1990: 517.

③ 马克思.经济学——哲学手稿［M］.何思敬，译.北京：人民出版社，1956：59.

“内在的尺度”，还是这两种尺度之和，抑或这两种尺度本来就是一样？为此蔡仪、朱光潜和李泽厚在翻译、阐释时，都力求将其含义明晰化。

蔡仪在《新美学》一书中沿用了楼适宜从日语转译的译文①：“动物只能在其所属的种的尺度，适应其要求而形成；相反地，人则能够按照各种种的尺度而生产，而且能够利用任何对象内在的尺度；因之，人按照美的法则，也同样形成了美。”可以看出，蔡仪②将“物种的尺度”与“内在的尺度”等同了起来，认为两者同指事物内在的、本质的特征，只是后者更加深入、难以掌握。这样，紧承着这两种尺度的“美的规律”，自然就是指以鲜明、生动的形象表现出来的事物的本质特征，是事物的种类普遍性与个体特殊性的统一。

将蔡仪对“美的规律”的论述，与他一直以来所提出的“美是客观”和“美是典型”理论进行比较，不难发现他是将前者作为后者的论据来看待的。这样就不难解释，为何蔡仪一方面大力批判《手稿》中提出的“自然的人化”“人的本质力量的对象化”“人的本质”“人性”“异化”等概念，批判其中的人本主义、人类学哲学基础，认为《手稿》以及推崇该书的学者，在社会观、历史观上是唯心主义的、反马克思主义的，另一方面却又极力引用该书中关于“美的规律”的论述，用来支撑自己《新美学》中提出的“美是典型”理论。

“内在的尺度”和“美的规律”这两个概念的确切含义，以及如何将“美的规律”理论应用到马克思主义美学体系，同样是该期另外两位美学家——李泽厚和朱光潜的重要关注点。在60年代上半

---

① 蔡仪.蔡仪文集（第一卷）[M].北京：中国文联出版社，2002：202，206；马克思，恩格斯.科学的艺术论[M].楼适宜，译.上海：读书出版社，1948：145.

② 蔡仪.蔡仪文集（第四卷）[M].北京：中国文联出版社，2002：129－137.

期的《美学三题议》一文中，李泽厚（根据英译本和何译本）对这两句话作了这样的阐释：“因为具有内在目的尺度的人类主体实践能够依照自然客体规律来生产，于是，人类就能够依照客观世界本身的规律来改造客观世界以满足主观的需要，这个改造了的客观世界的存在形式便是美，是‘按照美的规律来造型’”①。可以看出，李泽厚也强调了“物种的尺度”“内在的尺度”和“美的规律”三个概念之间的联系，也认为“美的规律”就是“物种的尺度”与“内在的尺度”的结合。然而和蔡仪大不同的是，他对“内在的尺度”的概念，给予了相反的解释，认为它是指“人类主体”的“内在目的尺度”。

这种不同的阐释，直接导致了李泽厚对这整段话、对“美的规律”这一理论，乃至对美的本质的观点，与蔡仪在认识上的巨大差异。李泽厚认为，“人类主体”的“内在目的尺度”——即“善”的属性，加上“客观世界本身的规律”——即“真”的属性，才能构成“美的规律”——即美的本质属性。因此，康德所说的“美真和善的统一”，加上马克思这段话中包含的实践观点，便形成了李泽厚建构的马克思主义实践美学观。

在其全面论述实践美学思想的论文《生产劳动与人对世界的艺术掌握》中，朱光潜也详细引用、论述了《手稿》中的这段话，并给出了自己的翻译。为了追求意思的清晰，在翻译“内在的尺度”一词时，朱光潜也直接将其解释为对象、各物种的标准，同时也指出，“这段话特别值得注意的是最后几句话，因为它把‘每一种族的标准’和‘对象的内在的标准’与‘美的规律’联系在一起来说”②。到此为止他和蔡仪的阐释似乎是类似的。然而在其接下来的解释上，我们可以看到两者之间的巨大差异。

---

① 李泽厚.美学论集［M］.上海：上海文艺出版社，1980：163.

② 朱光潜.朱光潜全集（第九卷）［M］.合肥：安徽教育出版社，1993：194.

朱光潜认为：首先，“种族的标准”就是各种族的主观需要；其次，对象的“内在的标准”就是“对客观事物的认识”；再次，从最后一句中的“所以”一词，可以得知“美的规律”就等于前两者之和；最后，与需要、认识和“美的规律”相关的是，在生产之前，生产者还需有一个确定的目的。

这里朱光潜的解释有两点值得注意。

第一，朱光潜这里将美的规律与生产的规律等同起来，实际是基于一个前提而给出的：就作为实践的形式而言，审美、文艺和物质生产两种活动在本质上是相同的——这一个蔡仪、李泽厚都没有提到，而且也不会认同的观点，实际上正是他如此阐释马克思的原文，竭力要证明的一个结论。这一点在他 1980 年的《马克思的〈经济学——哲学手稿〉中的美学问题》一文中，得到了更加详细的论证。文中这样说：

“人通过实践来创造一个对象世界，即对于无机自然界进行加工改造。这条原则既适用于包括工农业的物质生产，也适用于包括哲学科学和文艺的精神生产。这两种生产都既要根据自然，又要对自然进行加工改造。这里见出物质生产和精神生产的一致性。”①

第二，虽然在对“内在的尺度”概念的阐释上，朱光潜和蔡仪相近而和李泽厚相反，但这并不意味着朱光潜只强调客观事物的规律，而忽视主观方面的需要、目的和意识。这篇文章中对“种族的标准”和“内在的标准”两个概念，分别从主观和客观方面进行的阐释，同样在《马克思的〈经济学——哲学手稿〉中的美学问题》一文中得到了重申。他同样解释了这两个概念的差别，并进而突出

---

① 朱光潜.朱光潜全集（第五卷）［M］.合肥：安徽教育出版社，1989：418－419.

人的自由意识的特殊价值。

“这两种标准的差别究竟何在？依我的捉摸，差别在于前条指的是每个物种作为主体的标准，不同的物种有不同的需要，例如人造住所和蜜蜂营巢各有物种的需要，标准（即尺度）就不能相同。蜜蜂只知道按自己所属的那个物种的需要和标准，而人的普遍性和自由就在于人不但知道按人自己的物种的需要和标准去制造高楼大厦，而且还知道按蜜蜂的需要和标准去仿制蜂巢。这就是前一条要求。后一条比前一条更进了一步。对象本身固有的标准就更高更复杂，它就是各种对象本身的固有的客观规律。”①

“这两种生产都‘证实了人是一种有自意识的物种存在’。人意识到人的个体就等于人的物种，而且根据这种认识来生产。这就不是根据个体肉体的直接需要，像一般动物那样，而是着眼于为人类服务的目的，根据整个物种的深远需要。”②

在《马克思的〈经济学——哲学手稿〉中的美学问题》一文中，朱光潜还就“美的规律”的内涵，增加了一条“马克思所经常强调的人的整体观点”。这一条在《生产劳动与人对世界的艺术掌握》一文中没有被明确包括进“美的规律”，然而朱光潜对这一点的重视，却是显而易见的。本章一开始提到就马克思《〈政治经济学批判〉导言》中那段引文中关于艺术与科学的区别的论述，朱光潜在阐释中借鉴了涅多希文的三个观点，前两点已经论述过（分别是形象思维与抽象思维的区别，实践—精神的掌握与理论掌握的区别），最后一点——即认为艺术是对事物的整体把握，而科学是非整体的

① 朱光潜.朱光潜全集（第五卷）[M].合肥：安徽教育出版社，1989：419－420.
② 同上，第419页。

把握——便在这里可以得到体现。

不但如此，在他同期对黑格尔、歌德、席勒等人美学著作的翻译、评述中，艺术和人性的整体观也是作为一个重要的方面提出的。就朱光潜从人的整体性和全面发展来阐释马克思主义的人性观，下文会有详述，这里只就整体性与文艺、美学的联系，引用朱光潜对歌德这方面观点的评述。在1963年发表的论文《歌德的美学思想》（次年编入《西方美学史》一书）中，朱光潜极为赞赏歌德美学观中的整体概念：

“歌德并不认为艺术单靠形象思维或是单靠抽象思维就行，艺术家须以整个的人格进行创作。在欣赏方面也是如此。他说：‘人是一个整体，一个多方面的内在联系着的能力的统一体。艺术作品必须向人的这个整体说话，必须适应人的这种丰富的统一体，这种单一的杂多。’

总观以上所述，歌德的‘显出特征的整体说’着重从客观现实和具体事物出发，要求理性与感性的统一，主观与客观的统一，自然性与社会性的统一，艺术与自然的统一，内容与形式的统一，以及古典主义与浪漫主义的统一，所以他的文艺思想含有辩证的因素。”①

4.7.2 美感的发展和人的生成

马克思《手稿》中有如下文字，专门讨论了美感的发展，朱光潜在《生产劳动与人对世界的艺术掌握》一文中给予了大段摘译，这里只引一部分：

“从主观方面来理解，社会人的感觉力和非社会人的感觉力是不

① 朱光潜.朱光潜全集（第七卷）[M].合肥：安徽教育出版社，1991：84－85.

同的，因为只有音乐才能引起人的音乐感觉，因为最美的音乐对于不懂音乐的耳朵没有意义，不是一种对象——这是因为我的对象只能是我的某种本质力量的肯定，只有当我的那种本质力量本身作为一种主观能力而存在时，对象对于我才能存在；因为一种对象的意义（它只有对于一种适应它的感觉力才有意义）能达到多么远，就要看我的感觉力能达到多么远。只有通过人类存在中对象方面展开的丰富性，才能培养出或创造出主观方面人的感觉的丰富性，即懂得音乐的耳朵，能感到形式美的眼睛，总之，凡是能得到人的欣赏的感觉力，肯定自己为人的本质力量的感觉力。因为不仅是五官的感觉力，而且所谓精神方面的感觉力（如意志、爱之类），总而言之，人的感觉力，各种感觉力的人的性质，只有通过人的对象的客观存在，通过人化的自然，才能逐渐形成。五官感觉力的形成就是已往整部世界历史的工作。"①

这段话是《手稿》乃至马、恩的全部著作中，关于美学问题最重要的论述之一。中国学者如周扬②和蔡仪在20世纪40年代③，都已经部分引用过这段话，表明美感的历史发展性。但是前者并未对此作详细讨论，而后者由于坚持美的客观自然性，认为美感只是对美的认识、反映，也不可能对美感本身的特性、美感与美的关系进行深入的研究。

50年代中期，在其美学讨论中的第一篇，也是最为重要的论文之一——《论美感、美和艺术（研究提纲）——兼论朱光潜的唯心主义美学思想》中，李泽厚也将美感问题作为他的一个主要关注点，进行详细论述。在这篇文章中，李泽厚提出了他具有代表性的"美

① 朱光潜.朱光潜全集（第十卷）［M］.合肥：安徽教育出版社，1993：200.
② 周扬.马克思主义与文艺［M］.2版.大连：大连大众书店，1946：22－23.
③ 蔡仪.蔡仪文集（第一卷）［M］.北京：中国文联出版社，2002：199－200.

感二重性”理论。所谓“二重性”，即美感既有社会功利性，又有主观直觉性。这种理论的基本前提，是他所强调的，美感是美的反映的观点。他这样说：

“美感为什么会存在呢？其存在的根据是在其自身，还是有其客观基础呢？在一定的社会历史条件下，一定的美感为什么会具有一定的普遍性和必然性呢？……唯物主义认为正因为美的存在本身具有必然性和普遍性，这才造成美感的普遍性和必然性。后者正必须以前者为客观基础，否则它的普遍性、必然性就变成无源之水、无根之木而不可能存在了。……美是不依赖人类主观美感的存在而存在的，而美感却必须依赖美的存在才能存在。唯物主义既认为美感是美的反映，那么，很清楚，如果要真正找到美感经验的性质的由来和存在的根据，那就必须也必然要去分析它的客观基础——去分析美。”①

由此我们不难看出，美感的“二重性”，其实是从美的“二重性”推导出来的——在李泽厚那里，美同时具有社会性和形象性，因而美感也就具有社会功利性和主观直觉性。与此同时，李泽厚也引用了上面马克思的这段话，来阐述美感的历史发展性。然而若将李泽厚对“二重性”和历史发展性这两种性质的重视程度进行对比，不难发现，无论是从文字篇幅，还是论证的目的，前者都占了绝对主要的地位，后者不但只是被一带而过，而且还是作为前者的佐证提出的。

因此很显然，李泽厚关于美感的观点的重心，是放在“二重性”而非历史发展性上的。然而“二重性”，尤其是其中的“社会功利

---

① 李泽厚.美学论集［M］.上海：上海文艺出版社，1980：18.

性”，与历史发展性彼此之间，究竟只有后者论证前者或相互论证——即基本一致的关系吗？两者是否也有彼此矛盾、对立的情况呢？李泽厚没有讨论这种可能性，其实也就是将前者置于后者之上，认为前者决定后者，而忽视了美感的“历史发展性”理论的独立价值。

实际上，正如经济基础和意识形态的关系一样——意识形态固然受制于经济基础，却也有自己的相对独立性一样——美感（以及美）固然由某一特定时期的社会的理性目的和客观形式决定，因而具有社会功利性，却也有自身的发展规律，如自古以来通过语言文字、历史、习俗等实现的流传和积累。倘若不认可这一点，便必然会得出一种机械的、相对主义的观点——美感（以及美）总是简单地、被动地取决于一定社会现状，而无法揭示它的独特价值、本质、来源——无目的中见目的，无规律中见规律，感性既体现了理性，又超越了理性。

就美感、美和感性的实质，在观点上的转变，在李泽厚那里，仅仅是在60年代以后，他较多地接触到康德、席勒的美学思想，才逐渐实现。他80年代在美学研究上，从美的哲学向美感心理的方向转变，以及就美感提出的若干学说，如人化了的“内在自然”（即美感），“人的自然化”三层次，审美能力三方面，由“工具本体”向“心理（情感）本体”的发展，美感“双螺旋”，特别是新感性、“积淀说”，是对其本人50年代美感理论的翻天覆地的改变。

而在五六十年代的美学讨论中，对于马克思原著中的美感问题最为关注的，却是朱光潜。正如李泽厚①所指出的——对于朱光潜而言，是美感产生美，没有美感就没有美——因此朱光潜不但避免了反映论原理导致的错误，而且给予美感问题以极高的重视。就美感

① 李泽厚.走我自己的路：对谈集［M］.北京：中国盲文出版社，2002：4.

与美的关系，他从一开始就与蔡仪和李泽厚进行了激烈的争论。在1956年的《美学怎样才能既是唯物的又是辩证的——评蔡仪同志的美学观点》一文中，朱光潜也引用了《手稿》中上面的一段话，除了说明美感的发展之外，他同样强调了美感可以影响美的观点：

“从马克思的这段话里还体会到美感发展与美的发展的关系。美感是一种社会的现象，它是要随着社会发展而发展的，在美感力日渐精锐化的过程中，事物的美不但在范围上而且在程度上都日渐丰富和提高起来。……这也就是说，在历史过程中，美感能影响美。……依发展的观点看，不但美感是发展的，美是发展的，美的标准也是发展的。这三者的发展是相互联带的。蔡仪同志的美学却是反发展观点的。”①

在60年代初的《生产劳动与人对世界的艺术掌握》一文中，朱光潜花了较多笔墨来探讨美感产生和发展的规律。就《手稿》中关于“音乐的耳朵”的这段话，相比于蔡仪和李泽厚，朱光潜的阐释无疑要全面和深刻得多：

“这段名言包括四点相互关联的要义：(1) 认识与实践的辩证关系，认识随着实践发展，实践又随着认识发展；(2) 人与自然（即主观与客观）的辩证关系，人借自然‘对象化’他的本质，自然因此得到‘人化’，二者互相依存，互相影响，因而彼此逐渐丰富起来；(3) 由自然到社会人的发展过程，通过理论和实践，使人的感觉力具有人的性质；(4) 由单纯的自然到具有社会意义的自然的发展过程，例如由动物形式的食物发展到人的形式的食物。马克思用

---

① 朱光潜.朱光潜全集（第五卷）[M].合肥：安徽教育出版社，1989：48.

这四点要义来说明美感的产生和发展，其实也就说明人对世界的艺术掌握的产生和发展。”①

可以看出，美感的主要几种性质，如主客观统一性、实践性和历史发展性，在朱光潜这里都得到了强调。

除了这段话（“音乐的耳朵”）之外，朱光潜还从马克思的原著中提取出一些关键句段，来说明美感问题。这些论据往往是同期其他美学家所忽略的（如李泽厚），或不认可的（如蔡仪），因此对于马克思关于美感的论述被中国美学家所了解，起着重要的推介作用。

比如从马克思论述“人的本质力量的对象化”的一段话中，朱光潜提取出“（人）在自己所创造的世界里观照自己”这一词句，来说明美感的起源。他这样说：

“对美学特别有意义的是人在‘在自己所创造的世界里观照自己’这句话。……马克思把这种‘在自己创造的世界里观照自己’时的情感活动叫做‘欣赏’，在著作中屡次提到它。这‘欣赏’正是我们一般人所说的‘美感’。从马克思主义的实践观点看，‘美感’起于劳动生产中的喜悦，起于人从自己的作品中看出自己的本质力量的那种喜悦。劳动生产是人对世界的实践精神的掌握，同时也就是人对世界的艺术的掌握。在劳动生产中人对世界建立了实践的关系，同时也就建立了人对世界的审美的关系。一切创造性的劳动（包括物质生产与艺术创造）都可以使人起美感。”②

朱光潜这里指出美感的起源，即“起于劳动生产中的喜悦，起于人从自己的作品中看出自己的本质力量的那种喜悦”，并由此将物

---

① 朱光潜.朱光潜全集（第九卷）[M].合肥：安徽教育出版社，1993：201.
② 同上，第196－197页。

质生产和精神生产等同起来，认为审美、艺术是一种生产劳动，同时“劳动创造正是一种艺术创造”。

对朱光潜这里的观点，蔡仪一向持坚决的反对态度，这自不待言。值得注意的是他从朱光潜的论据出发，对其展开的批评。蔡仪特别反对朱光潜这段引文中使用“欣赏”一词。在一篇论文中他这样指责朱光潜：“马克思究竟是在什么时候，在什么地方，把一种什么样的‘感情活动’叫做‘欣赏’呀？又在什么著作中屡次提到过它呀？这位先生为什么不跟我们注明出处，哪怕一次也好?！……原来这样的说法，并不是什么从马克思著作中引来的，而是从万斯洛夫的文章中抄来的。”① 在另一篇文章中，蔡仪通过查阅马克思的《手稿》、文艺选集等著作的中文译本，认为“马克思在《经济学——哲学手稿》和当时的著作中屡次提到的是‘享受’，绝不是‘欣赏’，把‘享受’译作‘欣赏’，而且进一步又把‘欣赏’说成是一般人所谓‘美感’，这只能是朱先生修改原文、歪曲原意，为他的美学理论找马克思主义的词句作掩饰罢了。”②

然而蔡仪的指责根本就是缺乏说服力的。在蔡仪针对的这篇文章中，紧接着上面的一段文字，朱光潜就引用了马克思的一段较长的原话，其中便有如下的词句：

“（1）我在我的生产过程中就会把握的个性和它的特点加以对象化，因此，在活动过程中我就会欣赏这次个人的生活显现，而且在观照对象之中就会感受到个人的喜悦，在对象里认识到自己的人格，认识到它是对象化的感性的可以观照的因而也是绝对无可置辩的力量。

---

① 蔡仪.蔡仪文集（第四卷）[M].北京：中国文联出版社，2002：126－127.
② 蔡仪.蔡仪文集（第三卷）[M].北京：中国文联出版社，2002：427.

（2）你使用我的产品而加以欣赏，这也会使我欣赏，我因此认识到我的劳动满足了人的需要，对象化了人的本质，因此我的劳动创造了一种对象；适应某一旁人的人的生存的需要。”①

这段话并非如蔡仪所说的“从万斯洛夫的文章中抄来的”，而的确是从马克思的著作中摘译的。这是马克思早期书摘《詹姆士·穆勒〈政治经济学原理〉一书摘要》（1844 年）中的一段文字，当时并没有被收入《马克思恩格斯全集》中，而是收在其补编，即《马克思、恩格斯文献》德语本第三卷中；朱光潜既标出了原文出处，也明确指明这里是根据苏联美学家塔萨洛夫所引的俄译转译的。国内当时可能缺乏这类原始文献，蔡仪不能直接阅读德语、俄语文献，这些都可以谅解；然而他就此想当然地对朱光潜做出判断和指责，却是没有道理的。事实上，根据学者朱狄参照德语原文进行的分析，原文中的“Genuss”，既可译成“享受”，也可译成“欣赏”；而考虑到句段中所指涉的精神层面，用“欣赏”也许更好一些②。

---

① 朱光潜.朱光潜全集（第九卷）[M].合肥：安徽教育出版社，1993：177－178.
② 朱狄.美学问题 [M].西安：陕西人民出版社，1982：24－27.

第 5 章

译介作为建构人道主义的马克思主义美学的方式

5.1 马克思主义与人道主义

人道主义、人性和异化问题作为 20 世纪下半叶中国政治、意识形态、文艺领域的焦点问题之一，是与当时国际马克思主义理论界的人道主义思潮，以及社会主义阵营中有关的事件和动向密不可分的。因此在讨论中国马克思主义与人道主义的关系之前，有必要先介绍一下在这一问题上，同期国际理论界和社会主义阵营中存在的另外三种流派的马克思主义：西方人本主义马克思主义，东欧新马克思主义，以及苏联、东欧的正统马克思主义。

对于该期中国的马克思主义理论和社会主义实践而言，这些不同的形态，既构成了它发展过程中不可绕过的背景，又构成了它的对立面和“他者”——通过对外部思潮进行批判，中国马克思主义得以实现自我立场的确认；而中国内部这一问题上的少数异端思想，也与这些外部思潮有着尽管微弱，却不可或缺的联系。这里先就这些思潮的主要观点和影响，及其在 20 世纪的社会和理论根源，进行一个大致的梳理；至于马克思原著中的概念和理论，以及它们在西方哲学史中的根源，后面再专门论述。

5.1.1 人道主义思潮在西方、东欧和苏联①

西方人本主义的马克思主义，是前面所说的“西方马克思主义”的主流②。代表人物包括：20 世纪 30 年代之前的卢卡奇、科尔施、布洛赫、葛兰西等人，《手稿》出版之后的法兰克福学派——包括马尔库塞、阿多诺、弗洛姆、霍克海默、本雅明等，以及萨特、列斐伏尔、戈德曼等人。这些学者之所以从人道主义和异化角度来阐释马克思主义，在于他们都认为资本主义社会使人屈从于客观物质世界，丧失了人的主体性；经济、政治革命的最终目的，就是打破这种异化现象，实现人和人性的解放和全面发展；无产阶级需要进行文化启蒙，培养阶级意识，展开社会批判和文化革命。

西方马克思主义中的这股人道主义思潮，是有着现实的和理论的根源的。就现实根源而言，尽管相比于马克思所处的时代，资本主义的经济已经大大发展，但思想、文化领域中的种种弊病，比如个人主义、享乐主义、物质至上主义（“商品拜物教”）等，不但没有得到有效解决，还在意识形态、技术理性、大众文化、性格结构与心理机制等方面，产生出新的、更为严重的问题。就理论根源而言，第二国际时期主要从经济学、政治学来阐释马克思的路径被扭转，马克思的哲学思想开始得到突出重视；西方哲学史思想和 20 世纪的哲学思潮，如人本主义、黑格尔主义、新康德主义、存在主

---

① 这一节（5.1.1）多处参考衣俊卿先生的两部著作，特此致谢。分别为：衣俊卿.人道主义批判理论——东欧新马克思主义述评［M］.北京：中国人民大学出版社，2005；衣俊卿，丁立群，李小娟，王晓东.20 世纪的新马克思主义［M］.北京：中央编译出版社，2001.

② 在 20 世纪 50 年代中期之前，西方马克思主义者基本上都是认同人道主义的，因此基本等同为人本主义马克思主义者；但在 50 年代之后，在这一问题上，也出现了少数观点截然相反的学者，如阿尔都塞和德拉·沃尔佩。他们认为马克思主义根本上是科学主义的，因而也是反人道主义的，《手稿》是马克思主义发展中的偏向；相应地，他们否认黑格尔主义与马克思主义的关联，而将马克思的哲学资源上溯到斯宾诺莎、卢梭等，并分别发展出各自的结构主义的马克思主义、实证主义的马克思主义等学说。这一流派本文暂不讨论。

义、弗洛伊德主义、发生学结构主义等——即一般被称作“唯心主义”的理论，极大地影响了这些学者对马克思主义的阐释。

在这些西方人本主义马克思主义者中，可以发现一个共同点：他们中的多数人，如卢卡奇、布洛赫、马尔库塞、阿多诺、本雅明、萨特、列斐伏尔、戈德曼等，不但是马克思主义的哲学家，而且也是著名的文艺理论家、美学家。这并不是偶然的，原因有以下几个：首先，他们中间有的本来就是以文艺理论、美学起步的，也有的同时以哲学和文艺理论、美学起步，也有的是由哲学转向美学研究；其次，在上面最后一种情况中，他们往往是在将理论与政治实践结合的尝试失败，或者在理论本身遭到批判的情况下，不得已而转向文艺理论和美学研究的；最后，也是最根本的是，相比于政治和经济领域的革命，“他们特别希望通过美学、文艺学在内的文化批判，释放出人性的创造力量，使人从旧的经济权威和政治权威中解放出来，从而彻底改变人类异化的现成结构”①。

东欧新马克思主义学者，包括以彼特罗维奇、马尔科维奇、弗兰尼茨基等人为代表的南斯拉夫“实践派”，波兰的科拉科夫斯基、沙夫，匈牙利的布达佩斯学派，以及捷克的科西克等人②。他们之所以用人道主义思想来阐释马克思主义，是有共同的现实根源的，即揭示他们所处的社会体制中反人道主义的现象——如将人当作社会发展的工具，漠视个人尊严、利益和幸福，国家资本主义，集权主义，官僚统治，特权阶层，言论不自由，等等——并找出相应的解决方法。在南斯拉夫，批判斯大林主义和探索独立社会主义道路的实践活动，本来就是在当局主导下，在外交、政治、经济、意识形态、文艺各个领域展开的。“实践派”的人道主义理论，一方面支

---

① 冯宪光.“西方马克思主义”美学研究［M］.重庆：重庆出版社，1997：11.

② 衣俊卿.人道主义批判理论——东欧新马克思主义述评［M］.北京：中国人民大学出版社，2005：7.

持、论证了当局的实践行为；另一方面也对依然存在和新出现的问题进行了批判。相比而言，波兰、匈牙利、捷克等国的官方当局，在去斯大林化和探索新道路方面，无论是理论上还是实践上，都要保守、迟缓得多。现有体制中的问题，加上“波匈事件”“布拉格之春”等运动的发生，促使国内少数学者对马克思主义理论和社会主义实践展开思考。

就理论根源而言，西方马克思主义的影响，以及《手稿》在这些国家的译介，也是东欧新马克思主义得以产生的重要原因，但最主要的原因，还是纠正斯大林主义的迫切要求。他们批判了斯大林时代苏联盛行的机械反映论、经济决定论和主观意志论，对马克思早期著作中的人的本质、实践、异化等概念和理论进行了阐释，更就社会主义中的异化、异化理论与社会批判、社会主义的人道化、人的哲学与社会主义人道主义、革命与社会主义、日常生活的革命等问题，进行了深入探讨。

从50年代中期开始，赫鲁晓夫领导下的苏联在外交、内政、经济、意识形态、文艺等方面，展开了去斯大林化、批判个人崇拜、批判教条主义的“解冻”运动。这些举措在很大程度上就是对同期南斯拉夫的社会主义路线的翻版：在处理与资本主义国家的政治、经济关系上，力求通过“和平共处”“和平竞赛”“和平过渡”，而非革命和战争手段，来在国际范围内实现社会主义；在社会主义国家的政治领域，否认国内存在阶级的分化、对立和矛盾现象，认为已经实现了“全民国家”“全民党”的现状，因此无须继续进行阶级斗争、无产阶级革命和专政；在社会主义国家的经济领域，允许发展自由经济，鼓励企业追逐利润，提倡通过物质刺激、奖金制度来提高生产积极性；在意识形态宣传上，宣传“平等、博爱、自由”“爱人、同情、尊重人”“一切为了人，为了人的幸福”“人对人是朋友、兄弟、同志”的口号。

作为上述这些的理论基础，苏联官方将人道主义摆在了社会主义、共产主义理论的核心地位。它宣称，资本主义及其他私有制社会制度下的“人道主义”，都是抽象的、消极的、虚伪的，是统治阶级麻痹、欺骗人民的手段，只有在公有制制度下才能实现真正的人道主义，因此共产主义是人道主义的最高体现，而社会主义是现实中的人道主义。然而可与上述西方人本主义马克思主义、东欧新马克思主义比肩的哲学、社会理论，在同期乃至以后的苏联，从未出现过。在50年代中期以来的几十年中，就人道主义及其与马克思主义的关系，苏联哲学界进行的论述工作中，虽然有少量理论推进，但总体来说，缺乏任何显著的、实质性的突破。一方面，理论家们太过紧密地追随官方的政策、路线，几乎就是在对其进行解说和证明；另一方面，他们也丝毫不敢越过划定的界限，比如《手稿》中的“异化”概念，即便有人触及，也绝不敢将其应用到对社会主义现实的分析上去。

苏联在人道主义问题上的主要进展，乃是发生在文艺创作、评论和美学研究领域。上一章提到的开启苏联美学讨论的布罗夫的《艺术的审美本质》一书，将人的性格、内心活动和生活作为艺术的特殊对象，同时认为“真正符合艺术特殊对象的客观本性的思想是人道主义、对人的爱”，由此得出后来在苏联文艺界、美学界流传甚广的“人道主义是艺术的本性”的观点①。随后的美学讨论中，诸多“艺术掌握”派学者也提出了类似的观点，比如塔萨洛夫指出，“艺术是一种创造，它的历史成长过程包含着从狭隘功利的、物质的内容中解放出来，从而最充分地揭示和肯定为人所特有的，即人的社会本质，这就是艺术的审美本性”②。苏联80年代之前专论《手

---

① 参见刘宁.五十—六十年代苏联美学界争论的几个问题［C］//刘纲纪，吴樾.美学述林（第一辑），武汉：武汉大学出版社，1983：191.

② 同上，第191页。

稿》的唯一一本著作《哲学中革命变革的起源——马克思的〈1844年经济学哲学手稿〉》①，就是由“艺术掌握”派学者巴日特诺夫撰写的，虽然使用的还是苏联的主流哲学观点，但实际却在对异端观点的批判中，介绍了大量西方人本主义马克思主义者和东欧新马克思主义者关于人性、异化问题的观点。

从60年代初开始，“人道主义”概念也得到苏联文艺界官方的认可和重视。1961年召开的苏共二十二大，将通过美育培养全面、和谐发展的个性，充分发挥人的创造才能的决定，写入了其大会决议中。次年，苏联作协和苏联科学院世界文学研究所联合举办了以“人道主义问题与现代文学”为题的大型讨论会。在题为《人道主义与美学》的主旨报告中，美学家盖伊的总结，即“在艺术的审美本性和它的人道主义倾向之间有着深刻的内在联系”②，基本上代表了与会人员的一致观点。

5.1.2 人道主义思潮在中国

在就马克思主义与人道主义的关系问题，在对20世纪五六十年代中国的官方立场和相关事件展开论述之前，有必要先提一下毛泽东关于这一问题的经典论述。在40年代初党内的整风运动中，他在延安文艺座谈会上讲话时指出：

“有没有人性这种东西？当然有的。但是只有具体的人性，没有抽象的人性。在阶级社会里就是只有带着阶级性的人性，而没有什么超阶级的人性。……有些小资产阶级知识分子所鼓吹的人性，也

① 巴日特诺夫.哲学中革命变革的起源——马克思的《1844年经济学哲学手稿》[M].刘丕坤，译.北京：人民出版社，1981.

② 盖伊.人道主义与美学[C]//《现代文艺理论译丛》编辑部.人道主义与现代文学（上册、报告集）陈韶廉，李邦媛，译.北京：作家出版社，1965：299.

是脱离人民大众或者反对人民大众的，他们的所谓人性实质上不过是资产阶级的个人主义，因此在他们眼中，无产阶级的人性就不合于人性。现在延安有些人们所主张的作为所谓文艺理论基础的‘人性论’，就是这样讲，这是完全错误的。”①

在中华人民共和国成立后的前 30 年里，中国学者在论述到人性、人道主义问题时，无一不引用这一论述，并采取这种立场。然而也有少数例外。正是这些例外情况，其发生的时间、语境，其借鉴的外部资源，连同其在中国造成的影响，构成了人道主义、人性论、异化问题在当代中国历史的一个方面；该历史的另一个方面，便是中国官方对这些例外情况，以及其所借鉴的外部资源，进行的批判。在 20 世纪五六十年代，对于从人道主义、人性论、异化观点来阐释马克思主义，以及对其在意识形态和文艺实践中的应用，中国官方主要掀起了三次批判高潮。

第一次批判高潮发生在 1957 年反右派运动期间，主要在文艺领域展开。当年年初，在“双百”政策的激发下，钱谷融发表了《论“文学是人学”》，从作家的人道主义思想来解释文学创作和作品。正如作者后来自己指出的，这一理论主要受到苏联美学家布罗夫观点的影响：“他认为文艺的对象是人，是人的环境，以及人对环境的态度。”② 与他类似的还有巴人，他引用马克思早期著作中的“人类本性”“自我异化”等概念，提倡在文艺创作中写“人情”。在波匈事件之后，匈牙利的“裴多菲俱乐部”（卢卡奇即为其成员），以及对其持支持、同情态度的南斯拉夫当局和西方马克思主义者如列斐伏尔等，统统被包括中国在内的社会主义阵营贴上了“现代修正主义”的标签；而在中国的反右派运动中，钱谷融、巴人的“人情论”

① 毛泽东.在延安文艺座谈会上的讲话［M］.北京：人民出版社，1975：32.

② 钱谷融.论“文学是人学”［M］.北京：人民文学出版社，1981：65.

“文学是人学”，也因此被视为“现代修正主义”在中国的体现，而遭到文艺界、学术界的猛烈批判。

第二次发生在1960年“反右倾”“批判现代修正主义”运动期间，是这些运动在文艺领域的体现。1959年夏天在庐山会议上，彭德怀上万言书，反对毛泽东开展的“大跃进”运动；与此同时，苏共中央，尤其是赫鲁晓夫本人也对这一运动的合理性提出质疑。国内外的这些批评声音，反而加大了毛泽东对批评者的怀疑和不满。于是在庐山会议后，中国官方同时在两方面展开批判运动：对国外，表面上批判南斯拉夫的“现代修正主义”，实际则直指苏联的“赫鲁晓夫主义”；对国内，在政治、经济领域发动“反右倾”运动，在文艺领域开展人性论批判——但因为找不到新的目标，于是便将三年前的巴人“人情论”捡起来重新批判（对象是巴人而非钱谷融、王淑明，是因为前者时任《人民日报》社长，可以立为反面典型）。如果说在第一次，钱谷融、巴人等人还只是在文艺、学术领域受到批判，那么在这一次，巴人则在全部方面，尤其是政治上遭到了毁灭性的打击。

第三次则发生在1963—1964年间的中苏意识形态论战期间，是这一论战的重要组成部分，在探讨这一问题的规模、力度和深度上，都远超先前的两次。正如上面论述南斯拉夫、苏联情况时所指出的，人道主义理论之所以得到高度认可，是由于当它被用作理论基础时，可以有效支撑两国当时在外交、政治、经济、文艺、意识形态宣传等方面的实际举措。然而这些举措恰恰是与毛泽东一直以来的观点相悖的。就赫鲁晓夫对斯大林的全面否定，毛泽东极力反对，担心同样的情况会在中国上演；在处理与资本主义国家的关系中，毛泽东关于“东风压倒西风”，通过革命手段在全球实现共产主义的主张，在理论和实践中都有体现；在处理国内政治关系时，毛泽东强调“阶级斗争要年年讲、月月讲、天天讲”“阶级斗争一抓就灵”，反对苏联的“三和”政策；在处理国内经济问题上，毛泽东忽视经济规律、理论、技术和专家，忽视对个人的利益刺激，力图通过宣传鼓动来增加生产，盲目冒进等特点，早已体现在“大跃进”运动中；在文艺上，毛泽东1964年对中宣部的著名批示，从小说《刘志丹》引出的“小说可以反党”的意见，以及亲自参与的《海瑞罢官》批判，等等，都表明他将文艺完全当作阶级斗争工具的态度。

因此，在中共中央反修批判组撰写的、针对苏联“修正主义”路线的“九评”等著名文章中，人道主义成为一个重要的理论问题。为了给写作组提供理论资料，从60年代初开始，尤其在1963、1964年间，周扬等人亲自组织理论界、文艺界众多学者，翻译了大量苏联、西方有关人道主义、人性论和异化问题的论文、文集和专著①。这些资料的内容、观点相当广泛，既有马克思主义经典著作在这方面论述的选辑，又有西方从文艺复兴到19世纪的文艺、哲学著作中的有关论述，还有20世纪西方资产阶级（包括马克思主义的和非马克思主义的）学者在这方面的论述，更有50年代以来，苏联、东欧（包括官方和非官方的）学者在这方面的“修正主义”观点。其中的图书都以“内部发行”的形式出版、流通，仅供一定级别以上的人物阅读，也就是后来所称的“灰皮书”（哲学、理论）和“黄皮

---

① 与哲学、美学及文艺相关的图书有：《马克思主义的人道主义》（1963）、《作为哲学的人道主义》（1963）、《人的哲学——马克思主义与存在主义》（沙夫著，1963）、《苏联文学与人道主义》（1963）、《人道主义、人性论研究资料》（共五辑，分别是苏联、东欧、法国、南斯拉夫、美英等，1963—1964）、《马克思、恩格斯、列宁、斯大林论人性和人道主义》（1964）、《南斯拉夫铁托集团、第二国际修正主义者和社会党人有关人道主义的言论》（1964）、《关于人道主义的现代修正主义言论》（1964）、《人道主义与现代文学》（为苏联作协和苏联科学院世界文学研究所组织的同名讨论会文集，有上、下两册，分别是发言集和报告集，1965）、《人的远景》（1965）、《从文艺复兴到十九世纪资产阶级哲学家政治思想家有关人道主义、人性论言论选辑》（1966）、《从文艺复兴到十九世纪资产阶级文学家艺术家有关人道主义、人性论言论选辑》（1971）、60年代上半期的《哲学译丛》和《现代文艺理论译丛》中的相关译文等；还有大量零散译文，在90年代被整理成《国外学者论人和人道主义》（共三辑，分别是西方国家、苏联和东欧等国，1991）。除此之外，还翻译出版了不少被定为人道主义、修正主义的马克思主义学者，如卢卡奇、弗兰尼茨基、列斐伏尔等人总论马克思主义的专著。

书”（文艺作品）。

如果说对于苏联、东欧的这些理论、路线，毛泽东基本上持反对态度，那么另一些人物，由于致力于纠正、调整“大跃进”路线及其带来的严重后果，对这些举措的某些方面（如经济、文艺）却是持肯定态度的。这势必引起毛泽东的不满。因此，在继续批判苏联“没有赫鲁晓夫的赫鲁晓夫主义”的同时，重点转入中国国内、党内的“反修防修”运动——后来就演变为对“党内的走资派”的全面打倒，乃至于席卷全国、持续十年的“史无前例的无产阶级文化大革命”。

5.2　美学理论与人道主义

如果我们考察 20 世纪五六十年代朱光潜的美学著作和译作，便可以发现，他始终高度关注着人道主义问题，并就此多次进行了论述。主要体现在以下三方面：首先，是在美学讨论期间，通过译介苏联美学理论和建构自己的实践美学，隐蔽地表达出人道主义的思想；其次，是在 60 年代的美学论文中，通过对马克思《手稿》等早期著作中的人道主义思想、尤其是“人的本质”和“人性”等概念，作详细、深入、异于主流的阐释，来论证马克思主义的人道主义性质；最后，是在 60 年代上半期编译的《从文艺复兴到十九世纪资产阶级文学家艺术家有关人道主义、人性论言论选辑》一书中，以及在同期撰写的《西方美学史》一书中，翻译和阐述西方古典美学家和美学理论中的人道主义言论、思想，对此表示一定程度的肯定，并强调马克思对这些人道主义思想的继承。

我们从第一方面开始讨论。首先需要指出，这里所说的人道主义思想，乃是就“人道主义”这一概念的最通常的意义而言——比如重视人，尤其是个人的价值、尊严和幸福，不把客观的物质看得比人重要，也不把人当作工具、螺丝钉等——而非接下来讨论第三方面时会涉及的，“人道主义”还具有的其他若干含义。上一章介绍了五六十年代中国美学讨论中，三派学者在一些主要美学问题上——如列宁反映论可否作为美学的哲学基础，实践美学中“实践”概念的含义，劳动与美、与艺术的关系，《手稿》中的美学、哲学思想等——各自所持的观点，以及这些观点的差异。这里要讨论的则是，在人道主义、人性问题上，他们又各自持怎样的观点呢？他们的人道主义观与他们的美学观之间，是否存在联系呢？

我们依然先从蔡仪开始。从60年代初直至90年代其去世，经历了各种政治、文艺运动，蔡仪在人道主义、人性、异化问题上的立场始终如一。1960年在文艺界对钱谷融“文学是人学”和巴人“人情论”的批判运动中，他在《文学评论》上发表了与官方立场高度吻合的文章《人性论批判》；在从该期直至80年代关于马克思《手稿》的论述中，蔡仪又就人道主义、人性、异化问题这些问题，对该书给出的概念和观点，以及苏联、东欧和中国学者给予的肯定性的评述，进行了猛烈批判；在80年代中国开展的“反对资本主义自由化”“清除精神污染”运动中，蔡仪也是高度认同官方立场，积极批判人道主义思潮的人物之一。关于蔡仪对《手稿》中“人道主义”“人性”等概念的论述，下面会在与朱光潜的对比中予以详述。

众所周知，在80年代，李泽厚通过建构他的主体性实践哲学（也称人类学历史本体论）和美学，成为该期中国学界和社会思想解放和“再启蒙”运动的重要导师。然而在五六十年代，作为中国对于《手稿》关注最早和最多的学者之一，他对于其中的人道主义、人性论、异化等概念和思想，却没有发表任何评论。这不仅是因为时代政治、意识形态环境约束的原因，也和李泽厚本人自始至终对于马克思主义的理解有关。即便在80年代，李泽厚也较少对“异化”概念进行论述，而“实践”概念在他那里，依然只有“物质生产活动”这一狭隘的层面。对于西方人本主义马克思主义和东欧新马克思主义基于人道主义和异化理论，来阐释和发展马克思主义的潮流，李泽厚认为它们“作为共同思潮的总倾向……是错误的”①。

如果我们将蔡仪和李泽厚该期的美学理论联系起来看的话，可以发现两者的一个主要共同点：他们都是在美的“客观性”的基础上建构起自己的美学体系。在蔡仪这里，美是客观存在于物质本身的自然属性，完全不依赖于人类、社会和历史。在李泽厚那里，美是客观存在于物质本身的社会属性，虽然离不开作为群体的人类、社会和历史，却独立于作为审美主体的个人；实践之所以能影响美，主要体现在社会物质生产活动，而非意识或精神生产活动上。因此，在这两者的美学理论中，客观的、物质的、集体的、理性的自然或社会属性、规律得到了过分的强调，而主观的、有意识的、个体的、感性的人的活动却没被赋予应有的重视。简言之，他们只看到“物”，却忽视了“人”。

这种“见物不见人”问题的原因之一，可以从他们美学理论的哲学基础上找出。在蔡仪那里，是机械唯物主义和自然辩证法——沿袭自第二国际，在列宁与第三国际那里经过改头换面得到继承，而在斯大林时期的苏联被作为正统马克思主义确立下来。相比之下，李泽厚不但抛弃了机械唯物主义和自然辩证法，而且对马克思的实践观点和普列汉诺夫的人类学理论予以高度重视；然而他的改进毕竟是不彻底的，第二国际的经济基础决定上层建筑的理论，以及列宁的反映论，依然很大程度地残留在李泽厚的哲学基础中。在其本期的美学理论中，这些传统理论的影响，甚至超过了实践观点和人类学理论。

就美学的哲学基础而言，与蔡仪和李泽厚不同，朱光潜反对将

① 李泽厚.批判哲学的批判［M］.北京：读书·生活·新知三联书店，2007：450.

反映论照搬到美学领域，认为审美、艺术不仅是反映、认识，而且是人与对象之间的一种审美关系，是人对世界的一种艺术掌握手段，是一种生产劳动的形式；在审美和艺术创造的过程中，人改造了自然世界，使自然界变得“人化”，而自然界也肯定了人的力量，并使人本身得到改造。这样，传统美学中主客观分裂的弊病得到了克服，而机械唯物主义的问题——抬高物质的、客观的规律的地位，而贬低人的自由自觉的、创造性的实践能力——就得到了消除。

朱光潜这种实践美学理论中体现出的对于人、人的主观性和创造能力的重视，是与他的理论来源、苏联美学家和美学理论中本来就有的人道主义观点分不开的。上一章说过，苏联美学家，根据对美的本质的观点，总共可以分成三派：“自然派”，包括德米特里耶娃、柯尔年科、波斯彼洛夫、阿斯塔霍夫、奥甫相尼科夫、别尔米亚尔科夫、里曼采娃、艾里斯别格等人；“审美特性”派，以万斯洛夫、斯特洛维奇、鲍列夫为代表；“艺术掌握”派，以涅多希文、塔萨洛夫、戈尔登特利赫特、巴日特诺夫、特罗菲莫夫等人为代表。后两派观点比较接近，而与“自然派”相对立，所以统称“社会派”。“自然派”学者对马克思《手稿》及其中的哲学、美学思想评价不高，而主要以机械唯物主义和列宁反映论作为他们美学的哲学基础。这样便不难得知，他们本人及他们的美学理论，在人道主义问题上，自然是沿袭斯大林时代的主流观点。

与此同时，在“审美特性”派和“艺术掌握”派学者间的争论中，也可以发现两者在人道主义倾向上的差异。我们知道，“审美特性”一派的美学观点主要是：美是客观的和社会的，美以社会属性为内容，而以自然属性为形式，前者通过后者被反映出来。对于他们理论中的几个主要论点——客观性、反映论、社会内容和自然形式，“艺术掌握”派学者，也就是朱光潜主要借鉴的一批学者，基本持批评的态度。这方面比较典型的文章有塔萨洛夫的《论对现实的审美掌握》一文，这是他在美学讨论中的主要论文，也是朱光潜在《生产劳动与人对世界的艺术掌握》中多次引用的一篇文章。塔萨洛夫就马克思《手稿》中的几个核心概念，与斯特洛维奇等人进行争论。

其一是“人的对象化”和“自然的人化”两个概念。虽然两派都引以为各自的理论依据，对其理解却有所不同。塔萨洛夫反对斯特洛维奇等人给出的“‘人化’‘对象化’→‘审美特性’→反映→美”的公式，认为“人化”和“对象化”并不是先于审美活动的过程，而本身就是审美过程本身，是主体的创造活动，是人的创造能力的表现和发挥。他指出，“马克思列宁主义揭示和肯定人对现实的关系只能是积极创造的、改造的、实践的关系，在对世界的实践关系和主观关系之间画上等号”①。因此，“审美是人在创造过程中对对象的特殊关系，在这一关系中所创造的对象的一定属性成为对人的本质力量的肯定”，而“美是社会的人在自由的创造中得到肯定的形式”。

其二是就“人的本质力量”这一概念。两派同样认可美的根源在于“人的本质力量的对象化”，“人的本质力量”也就是美的内容。但在“审美特性”派那里②，这一概念仅仅在社会层面上有意义，因此或者指“促进人的力量和能力发展的进步的社会发展”（斯特洛维奇），或者指“事物、对象对于人的最一般的社会意义，首先是自由的劳动”（万斯洛夫、鲍列夫）。与它们不同，塔萨洛夫强调个体、个性的创造力量的发挥是产生美的社会基础，因此批评斯特洛维奇把审美属性客观性的基础归结为不以单个的人、单个的人的意识和意志为转移的社会历史的内容。他这样说：

“这种审美观在原则上离开个人的积极性，离开创造地球上新的

① 刘宁.五十—六十年代苏联美学界争论的几个问题［C］//刘纲纪，吴樾.美学述林（第一辑），武汉：武汉大学出版社，1983：177.

② 同上。

美好事物的艺术家的积极性，有什么能比这种企图更违背、更脱离实际呢？这种观点剥夺了每一个人的审美能力，把人的作用仅仅归结为消极地反映那种完全不以人为转移而产生的美，有什么能比这种观点更违反使个性全面发展和使每个人能力得到创造性发挥这一共产主义原则呢？……'自由的创造者和他创造的产品是联结个人意识和社会意识的唯一中间环节——通过审美地创造出来的对象，个人与社会达到了统一；一般地说，也只有通过这种创造，才能实现每个人的社会本质的充实性。'"①

塔萨洛夫的这些论述，基本上体现苏联在这一时期提出的"社会主义人道主义"的内涵。在赫鲁晓夫时期，苏联为了建设社会主义经济，在经济领域内采取物质奖励、物质刺激的手段，鼓励人民为获取个人利益、个人价值和个人幸福而努力；在意识形态、文艺领域鼓励审美教育，来培养全面发展的个人，提高人的自由的、创造性的能力。尽管这种"社会主义人道主义"与西方的资产阶级人道主义依然有较大的区别，始终强调个人对社会的参与，个人与社会在利益、价值上的统一，强调培养乐观的、积极的、坚强的个性，强调人性本善以及教育的有效性，强调人道主义的历史性、现实性和具体性，但斯大林时期只重视集体、客观，漠视个体、主观的基本倾向，已经得到了很大的纠正。

除了"艺术掌握"派美学家之外，朱光潜也借鉴了苏联其他学者的一些美学观点。比如著名的美学史家阿斯穆斯（朱译"阿斯木斯"），将整个古希腊、罗马的美学观点划分为"直观观点"和"实践观点"，认为前者代表了剥削阶级的美学观，而后者代表了劳动阶级的美学观。可以看出，这与他本人 1949 年以前的"看戏"

---

① 刘宁.五十—六十年代苏联美学界争论的几个问题［C］//刘纲纪，吴樾.美学述林（第一辑），武汉：武汉大学出版社，1983：177－178.

"演戏"说非常相似，尽管已经完全调整了立场，他依然非常认同这一区分法。他这样说：

"苏联美学家阿斯木斯把直观观点叫做'消费者'的观点，实践观点叫做'生产者'的观点。我们也可以说，前者是旁观者的观点，后者则是参加实际斗争和创造者的观点；前者把美的对象看作与自己对立的静止的只关认识的形象，加以观照和享受；后者则把审美的或艺术的活动看作人改变世界从而改变自己或'实现自我'的一种创造性的活动，看作整个社会和每个人的生命脉搏的跳动，看作人生第一需要。从这个对比中，直观观点的社会根源是不难看出的，它正反映着阶级社会中剥削制和分工制所产生的对生产劳动和产品分配的不合理的安排。统治阶级不劳动，劳动变成被统治阶级的沉重负担，自己劳动的果实被统治阶级剥夺去，反而成为欺压劳动者的资本，劳动者的劳动就成为自造枷锁，于是本来和艺术活动是一体的劳动就和艺术活动脱了节，劳动者就不能在自己的劳动中见到美（请洪毅然先生和其他否认劳动就是艺术活动的人注意这一点）。"①

朱光潜借用阿斯穆斯的标准，将自己的劳动艺术同一论、实践论美学称作"实践者"的观点，而将蔡仪、李泽厚、洪毅然的客观论、反映论美学称作"旁观者"的观点，正是抓住了后者理论中忽视人的主体性、创造性、"见物不见人"的根本缺陷。

5.3 马克思早期著作中的人道主义思想

上面说过，20 世纪马克思主义学界和社会主义阵营中的人道主

① 朱光潜.朱光潜全集（第九卷）[M].合肥：安徽教育出版社，1993：302－303.

义思潮，是与马克思的早期著作、尤其是《手稿》有着极大的联系的。正是因为“人道主义”“人性”“异化”是这些著作中的核心概念，它们才得以被西方和东欧的马克思主义学者拿来作为各自的人道主义理论的依据。在中国五六十年代的几次人道主义思潮和批判运动中，这些概念以及《手稿》本身，也是一切争论的焦点，对它们的不同阐释，也就导致了对马克思主义的不同阐释。朱光潜这方面，我们考察的主要对象依然是上一章详细论述过的《生产劳动与人对世界的艺术掌握》。正如这篇文章可以看成他对《手稿》等著作中美学思想的译介，这篇文章同样可以看作他对这些著作中人道主义思想的译介。

但在论述这篇文章以及马克思早期著作之前，我们有必要先提一下朱光潜较早一次关于“人情之常”和“人民性”的论述——后一个概念与马克思无关，而是列宁提出来的。1957 年《哲学研究》学刊第四期上，朱光潜发表了他美学讨论中的重要论文《论美是客观与主观的统一》。刊物出版时间是 8 月，因此朱光潜投稿的时间，应该在六七月间，刚好是“反右”运动展开之前。临近文章结尾处，朱光潜从对审美标准问题的讨论，转移到了对人性问题的讨论。

他先引用马克思关于希腊艺术永恒价值的论述，指出美的标准、美感的普遍性；再引用列宁关于无产阶级文化对世界遗产的继承，指出建立在历史延续性上面的文艺普遍性；由此朱光潜引出“人类普遍性”的问题，指出“党性和阶级性是否就排除人类普遍性呢？我认为不排除”①。他的论据包括：人类作为一个物种，必然具有“人之所以为人”，将自身与动物、植物、矿物区别开来的共同特征；不同时代、不同国家的人都具有些共同的理想，例如爱情等“人情之常”。最后，朱光潜这样说：

① 朱光潜.论美是客观与主观的统一［J］.哲学研究，1957（4）：32.

“马克思主义是尊重客观事实的，我想它不会把这种‘人情之常’一笔抹煞。列宁在论文艺标准时，于阶级性和党性之外还提出‘人民性’。这个‘人民性’实际上也就是‘人情之常’，也就近于人类普遍性。因此，我们可以说，古典作品至今对我们还有很大的吸引力，这是由于它们真实地深刻地反映出人类普遍性里的一些基本的东西。这是古今中外多数批评家的一致的看法，我想它是合乎马克思主义的。(参见《苏联文学艺术论文集》第19—28页关于这个问题的讨论。)”①

从引文可以看到，列宁关于文艺问题的“人民性”标准，50年代上半期正成为苏联文艺界的一个重要讨论问题，这一动向为朱光潜及时注意和引用，作为自己论证文艺普遍性、人类普遍性的依据。但倘若我们细查朱光潜的引用来源，即国内编译的《苏联文学艺术论文集》，便可发现，该文集中的原文实际都是斯大林时期的文章（多数发表于1952年），因此论点基本沿袭三四十年代的官方论调；对列宁“人民性”概念的阐释方法，虽然是其中的一个主要问题和争论对象，但类似于后来“解冻”“人道主义”式的解读，在该文集中尚未出现。尽管如此，“人民性”概念成为苏联文艺界的议题，这一事实本身，就多多少少打破了“党性”“阶级性”完全主导文艺问题的局面。对朱光潜来说，在这一争论当中，无论对立面的声音有多大，总还是可以发现支持自己观点的论述——这也就够了。在这篇文章登出之时，“反右”运动已经全面展开，朱光潜没有遭到批判，可说是幸运。然而，到了“文化大革命”期间，他就不得不承认自己的这一动机，并为此进行检讨。他这样说：“在《论美是主观与客观的统一》里，我还歪曲列宁所提的‘人民性’，来偷运普通人性论，取消阶级观点。”②

① 朱光潜.论美是客观与主观的统一［J］.哲学研究，1957（4）：33.
② 朱光潜.欣慨室随笔集［M］.北京：中华书局，2012：270.

在我们展开对《生产劳动与人对世界的艺术掌握》的讨论之前，也有必要提及一下该文写作、投稿和发表的时间和语境。这篇论文发表于1960年4月，投稿时间应该在1960年二三月间，而写作时间则应该是在1959年到1960年之间①。从1959年12月初到1960年1月初期间，中宣部召开了以反右倾和反修正主义为主题的全国文化工作会议，周扬发表了长篇讲话，将南斯拉夫的“社会主义人道主义”与巴人的《论人情》相提并论，作为国内外“修正主义”的典型②。与此同时，姚文元写了《批判巴人的“人情论”》，并在《文艺报》1960年1月第二期全部登出。尽管批判人道主义、人情论的运动已经再次开展起来，这篇大量涉及马克思早期著作中人道主义概念和思想的文章，依然被朱光潜投了出去。也许因为它是以美学论文的形式出现的，也许其中论述最多的马克思《手稿》，当时还不为许多人所了解，或者是出于其他什么原因，这一次他同样没有遭到较多的批判；但是他对于《手稿》中一些概念，比如“人的本质”的阐释，还是遭到了蔡仪等人的否定。因此接下来在讨论中，我们会将这些正统和非正统的观点进行比较，以更加清楚地看出朱光潜在阐释马克思《手稿》等早期著作中人道主义思想时的特点。

5.3.1 关于人性问题的争论

20世纪下半叶中国马克思主义理论界、文艺界对于人性问题的关注，是与西方人本主义马克思主义和东欧新马克思主义学界对这一问题的重视分不开的。因为他们展开的激进的社会、文化批判，

① 据笔者查阅《新建设》1960年左右登载的朱光潜的若干文章，对比文章尾处作者本人记载的写作时间，以及文章发表的时间，一般为一个月左右，因此从实际投稿到发表的时间，不超过一个月，这也就是该刊处理稿件的一般时间。这篇文章发表于《新建设》1960年4月期上，因为3月期上也有朱光潜发表的文章，我们可以猜测，这篇文章投稿的时间大致在1960年二三月间；文章的参考书目有出版于1959年的，因此可以断定，该文最晚写于1959年。

② 黎之.文坛风云续录［M］.北京：人民文学出版社，2010：277.

归根结底都是一种对人的生存和思想状况的批判①。这体现在卢卡奇对物化现象和物化意识的否定，布洛赫对人的乌托邦精神的描绘，马尔库塞对技术统治下“单向度的人”生存困境的揭露，弗洛姆对压抑性的、逃避自由的心理机制，以及非创造性的性格结构的批判，科西克对人的革命、批判实践本性的弘扬等上面。不难看出，不管是对理想人性的构想，还是对负面人性的批判，他们所有人的理论，都以存在一种普遍、共通的人性为前提。原因很好理解：倘若将人性看作一个绝对相对主义的概念——也就是在不同的社会、历史形态下，人性中只有差异性，而无共通性和普遍性——那么人的发展、人的改造、人的解放的信念，乃至人的历史这一观念本身，都会失去意义，更不用说着手消除其中的负面成分了。

正是这种基于普遍人性论的马克思主义理论，以及其在现实问题中的应用（如本章一开始所说的），激起了五六十年代中国官方对人性论的高度重视，乃至于发动了几次批判运动。官方的主要观点，正如上面所引的毛泽东的原文所显示出的，乃是将普遍人性论（一般简称“人性论”）与阶级论完全对立起来的，认为只有阶级的人性，而没有阶级性之外的普遍人性。比如周扬便指出，“以历史唯心论反对历史唯物论，以阶级调和反对阶级斗争，以人性论反对阶级论，以资产阶级的反动的腐朽的人性反对无产阶级的革命的高尚的人性，这就是修正主义者的‘人性论’的实质”②。这类“左”的思潮要从经济基础决定上层建筑、阶级斗争的理论出发，全面否定“人性论”的价值，是为了借抽象的国家、无产阶级、人民之名，来否定具体的个人尊严、幸福和利益，同时论证该期接连不断的阶级斗争实践的正义性和必要性。

---

① 博托莫尔.马克思主义思想辞典［M］.陈述平，王谨，等，译.郑州：河南人民出版社，1994：261.

② 周扬.我国社会主义文学艺术的道路［M］.北京：人民文学出版社，1960：55－56.

5.3.2 马克思关于人的本质、人性的论述

不管在人性问题上持什么立场，不同派别的学者总需从马克思的原著中获取理论依据，并加以阐释。该期的学者所引用的依据，主要来自两种著作：其一就是《手稿》，其二就是《关于费尔巴哈的提纲》。值得注意的是，马克思原著中使用的德语原词都是“ein menschliches Wesen”，该期和 80 年代中国学界基本上直译为“人的本质”，与此类似的还有“Gattungswesen”“allseitiges Wesen”“Wesenkraft”等词，也相应地对应汉译本的“类本质”“全面的本质”“本质力量”等词。这就是该期和 80 年代的美学和《手稿》讨论中，“人的本质”“人的本质力量的对象化”等基本概念的来源。在很大程度上，中国学者就是用“人的本质”一词来指代“人性”的，但两者实际上是存在一定区别的，这在下面再具体讨论。

就《关于费尔巴哈的提纲》一文中对人的本质的定义，我们都很熟悉——“人的本质并不是单个人所固有的抽象物，在其现实性上，它是一切社会关系的总和”①。这是马克思从人的社会性的角度对费尔巴哈的人性观所作的批判。但倘若我们全面考察这份提纲，便可以发现，马克思是从多个方面展开批评的，其中除了社会性，还有实践性。他指出，“从前的一切唯物主义（包括费尔巴哈的唯物主义）的主要缺点是：对事物，现实，感性，只是从客体的或者直观的形式去理解，而不是把它们当作人的感性活动，当作实践去理解，不是从主观方面去理解。”② 本文下面将会揭示：社会性和实践性，这两者必须联系起来考察，缺少了任何一方，都会落到机械唯物主义的困境中。

---

① 马克思，恩格斯.马克思恩格斯全集（第三卷）［M］.中共中央马克思恩格斯列宁斯大林著作编译局，译.北京：人民出版社，1960：5.

② 同上，第 3 页。

而就《手稿》中对人的本质的定义，主要有以下两种：

其一是“一个种的整体特性、种的类特性就在于生命活动的性质，而自由的有意识的活动恰恰就是人的类特性”①。这是继承自黑格尔和费尔巴哈的观点，但马克思也进行了改造。在《对黑格尔的辩证法和整个哲学的批判》一节中，马克思认为黑格尔将劳动看作人的本质是正确的，但黑格尔只知道和承认抽象的精神的劳动，因此实际上便将人的本质等同于自我意识。而费尔巴哈对黑格尔的唯心主义进行了颠覆，将人看作感性的人、感性的对象，作为不同于动物的“类存在”中的人，从而“使‘人与人之间的’社会关系成了理论的基本原则”②。这样，马克思综合采纳了黑格尔的“劳动”观和费尔巴哈的唯物观（及不纯粹的社会观），并大量沿用了后者的“类存在”“类特性”“类本质”“社会的人”等术语，从而得出这一关于人的本质的定义。

其二是在马克思论及“人的本质力量”“人的全面本质”等概念的时候，所指出的：

“人以一种全面的方式，就是说，作为一个总体的人，占有自己的全面的本质。人对世界的任何一种人的关系——视觉、听觉、嗅觉、味觉、触觉、思维、直观、情感、愿望、活动、爱——总之，他的个体的一切器官，正像在形式上直接是社会的器官的那些器官一样，是通过自己的对象性关系，对人的现实的占有。”③

以及关于“音乐的耳朵”的一段著名的话，前面引用过一部分，

---

① 马克思. 1844年经济学哲学手稿［M］.中共中央马克思恩格斯列宁斯大林著作编译局，译.北京：人民出版社，2000：57.

② 同上，第96页。

③ 同上，第85页。

这里再引一部分：

“社会的人的感觉不同于非社会的人的感觉。只是由于人的本质客观地展开的丰富性，主体的、人的感性的丰富性，如有音乐感的耳朵，能感受形式美的眼睛，总之，那些能成为人的享受的感觉，即确证自己是人的本质力量的感觉，才一部分发展起来，一部分产生出来。因为，不仅五官感觉，而且连所谓精神感觉、实践感觉（意志、爱等等），一句话，人的感觉、感觉的人性，都是由于它的对象的存在，由于人化的自然界，才产生出来的。”①

不难看出，这里马克思是从“五官感觉”（视觉、听觉、嗅觉、味觉、触觉）、“精神感觉”及“实践感觉”（思维、直观、情感、愿望、活动、爱）来对人的本质进行定义的。这和上面的两个定义，即“一切社会关系的总和”和“自由的有意识的活动”，表面看来有着明显的差异。那么，这三种定义在实质上是否矛盾呢，或者说它们中间，哪种才是最为“本质”的方面？我们认为，三者并不矛盾，而根本上是统一、互补的。对此可以从下面三个方面来进行讨论。

首先是人的本质、人性中的理性层面和感性层面，社会层面和自然层面的区分。马克思尽管认为人性中，社会的、理性的成分，相对于自然的、感性的成分，是占主要地位的；甚至认为人的自然的、感性的功能、性质，都是社会化的产物；但如果说他对于后一方面，持完全忽视的态度，恐怕也并非如此。毕竟，马克思本人的唯物主义理论，就是在西方自然科学、人类学、哲学、伦理学、社会学的历史中发展起来的，怎么可能对人的生物性、心理性等自然

① 马克思. 1844年经济学——哲学手稿［M］.中共中央马克思恩格斯列宁斯大林著作编译局，译.北京：人民出版社，2000：87.

方面视而不见呢。

其次是南斯拉夫“实践派”哲学家马尔科维奇，从理论研究方法出发进行的区分。马尔科维奇认为，对于人性概念的讨论，可以用规范性（normative）和描述性（descriptive）两种方法①。具体而言，规范性的方法就是指从人的理想状态、可能性出发，比如指出人的有意识性、自由性、创造性、实践性等，来对人、人性进行定义；描述性的方法则是指从人的现实状况，比如生物学、心理学、社会学、人类学等具体方面出发，来对人进行研究。可以看出，马尔科维奇对这两种关于人性的方法论的区分，和上面对人性中的理性和感性，社会和自然层面的区分，有着异曲同工之处：如果说规范性更多能揭示人的社会性、理性层面的话，那么描述性方法则在社会性、理性层面之外，也能揭示人的自然性、感性层面。

最后是马克思德语原文中，“ein menschliches Wesen”中核心词“Wesen”的多种阐释可能性。“Wesen”在德语中，通常有下面三种用法。其一，表示事物区别于其他事物的、独特的性质，相当于英语的“essence”或“substance”，而“menschliches Wesen”也就等于“the essence of man”或“human nature”，直译成汉语，就是“人的本性”“人的自然本性”，也就是一般所说的“人性”。其二，用来统称与事物相关的一切社会关系，它常和其他名称连用，如“Zeitungswesen”（相当于英语的“the press”）、“Steuerwesen”（“the revenue”）、“Schulwesen”（“the educational system”），而“人的本质”，也就是“一切社会关系的总和”。其三，表示“生物”，有生命的物质，相当于英语中的“living thing”或“being”，而“menschliches Wesen”也就等于“human being”，这种用法相对歧义较少。在《手稿》中，马克思经常在这些不同的用法之间进行切换，

① 博托莫尔.马克思主义思想辞典［M］.陈述平，王谨，等，译.郑州：河南人民出版社，1994：258－259.

甚至在一句话中几次使用该词，而每次的意思都不同[①]。因此，对该词在不同语境中译法的规定，需要译者和研究者对该词所出现的具体语境进行细致考察才行。

5.3.3 朱光潜对《手稿》中人性概念的阐述

就朱光潜而言，在五六十年代，他依据的《手稿》版本并非德语原文，而是俄译本和英译本。其中英译本的译者“Martin Mulligan”，一开始就认识到了“Wesen”一词的多种含义，不但在译本序言中专门论述过[②]，而且对于同一个德语原词，也根据不同的语境，采用了不同的译法。朱光潜该期引用《手稿》片段时，也将这一概念译成“人的本质”或“人的本质力量”；在80年代对《手稿》进行节译时依然如此，同时在注释中对马克思原词在德语中的多种用法进行了解释，写道“‘人的本质’实际就是‘人性’”[③]。在另一篇文章中，他说“什么叫做‘人性’？它就是人类自然本性”[④]。在朱光潜看来，“人类自然本性”这一定义，含义较为具体、丰富，包括了人性中的感性和自然性成分；但这并不表示他忽视了人性的其他定义和层面，如“一切社会关系的总和”“自由自觉的活动”以及其中体现的社会性、历史发展性、实践性、有意识性、自由性等——这从下面可以看出。因此从60年代初的《生产劳动与人对世界的艺术掌握》一文开始，朱光潜就在论述《手稿》和讨论美学问题时，在“人的本质力量的对象化”“族类的特性”“全面的本质”“人的全面发展”等提法之下，将马克思关于人的本质、人性的诸多观点，统统译介了过来。

---

① MARX K, FREDERIC E. Economic and Philosophic Manuscripts of 1844 & the Communist Manifesto [M]. Amherst, New York: Prometheus Books, 1988: 12.

② 同上，第11—12页。

③ 朱光潜.朱光潜全集（第五卷）[M].合肥：安徽教育出版社，1989：451.

④ 同上，第388页。

我们知道，在马克思那里，劳动是人的本质的一个最重要的层面，因此劳动的规律也就是人的本质的内容之一。我们也知道，在朱光潜看来，马克思是将生产劳动与审美、艺术活动等同起来，将生产劳动的规律与“美的规律”等同起来的。因此，“美的规律”也就成了人的本质的内容之一。我们还知道，在朱光潜那里，马克思所说的“美的规律”，既包括了对客观事物、规律的认识，也包括了人的主观需要，和生产之前已有的、确定的目的。因此，朱光潜就有这样一段话：

“人能自觉地通过劳动去创造，所以他所创造成的东西，例如石刀，就体现了他的需要和愿望，他的情感和思想以及他的驾驭自然的力量。因此，这种对象就不是生糙的自然，例如天然的石头，而是人的劳动的产品，用马克思的话来说，它是‘人化的自然’，‘人的本质力量的对象化’。石刀不但具有物质的性质，而且还具有人的精神的性质。人在这把石刀里可以看出自己的‘本质力量’，认识到自己，肯定自己是一种‘种族的存在’；它其实就是创造者自己的‘复现’。”①

不难看出，朱光潜所认为的“人的本质（力量）”的含义是很丰富的，在生产劳动之下，包括人的“需要和愿望”“情感和思想”“驾驭自然的力量”等内容。这些层面，在上文所引的马克思关于“人性”的论述，即“思维、直观、情感、愿望、活动”“精神感觉”“实践感觉”中，也是明白可见的。然而他提出的这一层面，却为同期国内的其他一些马克思主义理论家、美学家所否认。在其写于1960年的《论朱光潜美学的“实践观点”》一文中，就朱光潜这

① 朱光潜.朱光潜全集（第九卷）[M].合肥：安徽教育出版社，1993：195.

种对“人的本质”的论述，蔡仪这样说：

“马克思把人的‘有意识的生活活动’，自觉的劳动、生产作为人的本质，这根本是从人的社会生活来规定，从人的社会性来说明人的本质的。朱先生把人的需要、愿望、情感和思想等作为人的本质，是从人的主观意识来规定，从人的主观性来说明人的本质的。这就很显然地表现了两种根本相反的观点，前者基本上是从唯物主义出发的，而后者却完全是唯心主义的。”①

可以看到，在这篇文章中，蔡仪虽然不认可朱光潜的“需要、愿望、情感和思想”，却还是认可劳动作为人的本质的观点的。然而，就在这篇文章中，蔡仪已经认为，相比于“劳动”而言，“一切社会关系的总和”是马克思关于人的本质的更加准确的定义。在这之后，随着他对《手稿》的评价越来越低，蔡仪甚至将《手稿》中的“自由的有意识的活动”，都从“人的本质”的定义中清除了出去。这体现在他后来的多篇文章中，其中，他这样说：

“把‘劳动作为人的本质’，是在‘类’的概念的前提下提出来的，也就是作为人类的共同的本质而说的。因此这所谓人的本质显然是指人的自然本质，或者说是指人的自然本性。”②

“从自然科学的观点来说是对的，是可以承认，也应该承认的。但是只从人类作为族类的共同性来规定人的本质，又显然是不够的，是不对的，而这正是费尔巴哈的人本主义思想的一个根源。马克思的这个论点，显然从费尔巴哈跨出了一步，而根本上还是没有超越

① 蔡仪.蔡仪文集（第三卷）[M].北京：中国文联出版社，2002：431.
② 蔡仪.蔡仪文集（第四卷）[M].北京：中国文联出版社，2002：376.

人本主义的观点。”①

如果说在蔡仪那里，就人的本质的定义，“自由自觉的劳动”与“社会关系的总和”两种答案，根本上是矛盾、对立的；而朱光潜则力图论证，这两种观点不但并不矛盾，而且是相互关联、相互统一的——如果劳动是社会性的，而劳动又是人的本质，自然可以推出人的本质是社会性、是社会关系总和的观点。为此朱光潜利用了两方面的论据。其一就是《手稿》中关于人类通过生产劳动，将自己与动物区分开来，从而实现自己“种族的特性”的一段论述。蔡仪尽管将其指为“人本主义的”，却也必须承认“从自然科学的观点来说是对的”，这里不再多说。

论据之二则是马克思的《詹姆斯·穆勒〈政治经济学原理〉一书摘要》一文中的一段优美的文字，我们在上一章引用过一部分。它论述了在异化消除了的情况下，劳动生产如何体现出人的本质，以及相互之间的社会关系。我们这里不妨再完整引用一次：

“（1）我在我的生产过程中就会把我的个性和它的特点加以对象化，因此，在活动过程本身中我们就会欣赏这次个人的生活显现，而且在观照对象之中就会感受到个人的喜悦，在对象里认识到自己的人格，认识到它是对象化的感性的可以观照的因而也是绝对无可置辩的力量。

（2）你使用我的产品而加以欣赏，这也会直接使我欣赏，我因此认识到我的劳动满足了人的需要，对象化了人的本质，因此我的

---

① 蔡仪.蔡仪文集（第四卷）［M］.北京：中国文联出版社，2002：203.

劳动创造了一种对象，适应某一旁人的生存的需要。

(3) 我对于你就会成为你和种族之间的媒介人，我就会为你认识和理解，为你自己的存在的延续和补充，为你自己的必需的不可分割的一部分——因此我就会认识到在你的喜爱的情感中我也肯定了我自己。

(4) 我就会通过我的个人的生活显现，直接创造出你的生活显现，而且在我的个人的活动中，我就会实现我的真正本质，我的人的社会的本质。"①

与朱光潜的引文相呼应的是马克思在这篇书摘中提出的，与两年后《关于费尔巴哈的提纲》一文相类似的观点："人的本质是人的真正的社会联系，所以人在积极实现自己本质的过程中创造、生产人的社会联系、社会本质，而社会本质不是一种同单个人相对立的抽象的一般的力量，而是每一个单个人的本质，是他自己的活动，他自己的生活，他自己的享受，他自己的财富。"② 这篇书摘与《手稿》写于同一时期（1844 年下半年），由此可见蔡仪的指责——《手稿》及其中对人的本质的定义，依然是沿袭费尔巴哈的形而上学唯物主义——是站不住脚的。该文之前从不为中国学者所知，因此上述文字还属国内第一次引用和翻译——当然，朱光潜本人也并不知道全文，他是从塔萨洛夫的引文转译的。

通过引用和论述，朱光潜一方面论证了劳动的社会性，另一方面也论证了美感的社会性，"生产者不但从自己的产品这面镜子里认

① 朱光潜.朱光潜全集（第九卷）[M].合肥：安徽教育出版社，1993：197－198.
② 马克思.1844 年经济学哲学手稿 [M].中共中央马克思恩格斯列宁斯大林著作编译局，译.北京：人民出版社，2000：171.

识到它‘光辉灿烂地放射出人的本质’而感到喜悦，而且也在旁人欣赏自己的产品时，也在旁人的‘喜爱的情感’中肯定自己为旁人的‘必需的不可分割的一部分’，因而感到喜悦。”① 由此我们可以看出，同为人类本质、人性的层面，不但劳动和社会性两者之间不矛盾，美感和社会性之间也不矛盾。

在论证了精神感觉、实践感觉、劳动、美感、社会性这些人的本质、人性的特点和方面之后，朱光潜继续论证的是，人的五官感觉，即生物、生理感受能力，同样是人性的一个方面。上面引用过的马克思关于“音乐的耳朵”的一段话，同样被朱光潜大段翻译、引用过来。但是与上面的译文，以及同时期何思敬、宗白华的译文都不同，朱光潜将“感觉”统统译成“感觉力”，如“五官感觉力”。对此他在注释中给予了说明：“德文 Sinn 和英文 sense，当作可用复数的名词，指感觉器官的功能，既不同于感觉的活动，也不同于感觉所得的印象，故译‘感觉力’。”② 不管哪种译法比较恰当，从这里我们不难看出，朱光潜强调的是，所有这些视觉、听觉、嗅觉、味觉、触觉，作为“功能”和“力量”而言，都是人的“全面的本质”的组成部分，可以对象化的“人的本质力量”。

朱光潜将五官感觉、精神感觉、实践感觉纳入人性的范围，除因它们体现出人的社会性和自然性之外，还因为它们体现出人的本质、人性的其他相关特点——主客观统一、实践性和历史发展性。从他评论马克思关于“音乐的耳朵”这段话中，体现出的马克思关于人的本质的看法：

“客观对象对于人的意义在主观方面取决于人的本质力量（其中包括人的感觉力）。理论认识和实践都是人的本质力量的对象化过

① 朱光潜.朱光潜全集（第九卷）[M].合肥：安徽教育出版社，1993：198.
② 同上，第 200 页。

程。人的感觉器官是马克思所称呼的‘理论家’，执掌认识，但是感觉力却是生产实践的产品。生产实践所展开的客观世界（人化的自然）愈丰富，人的感觉力也就愈丰富，也就是说，人认识客观世界的能力就愈精锐。”①

与朱光潜不同，《手稿》中关于五官感觉、精神感觉和实践感觉的论述，成为蔡仪否定《手稿》对人的本质的定义的又一条依据。他这样说：“这不正表明《手稿》中的人的本质，愈来愈说成是人的自然属性，以至把思维、意志也说成是‘精神感觉、实践感觉’，也就是愈来愈说成和费尔巴哈的一样了吗？”② 实际上我们知道，正是在《手稿》中，马克思提出了他的这一著名的论断：“共产主义，作为完成了的自然主义=人本主义，而作为完成了的人本主义=自然主义，它是人和自然界之间、人和人之间的矛盾的真正解决”③。

除以上特性和方面，朱光潜还在论述艺术的起源时，特别提到人的本质的一个特性——自由性。他引用塔萨洛夫的观点，认为之所以手工艺的审美性低于一般艺术，是因为在前者，“审美性毕竟是次要的，主要的还是它的实用性。手工艺品的形式首先要服从实用方面的功能，还不能充分自由地发挥体现人的社会本质的作用；……它们‘表现对象的本质，较多于表现人的本质’，为着充分自由地表现人的本质，满足精神需要的一方面便须提到首要的地位乃至于独立的地位，满足物质需要的一方面便须降到次要的地位乃至于完全消失”④。因此，艺术可以“脱离窄狭的物质功用”，“肯定社会自觉的

① 朱光潜.朱光潜全集（第九卷）[M].合肥：安徽教育出版社，1993：201.
② 蔡仪.蔡仪文集（第四卷）[M].北京：中国文联出版社，2002：264.
③ 马克思.1844年经济学哲学手稿［M].中共中央马克思恩格斯列宁斯大林著作编译局，译.北京：人民出版社，2000：81.
④ 朱光潜.朱光潜全集（第九卷）[M].合肥：安徽教育出版社，1993：203.

丰富性”，从而“体现人生的丰富性”。

综上所述，马克思关于人的本质和人性的观点，在朱光潜这里，以较为完整的面貌被呈现在中国读者面前：既包括从理性层面、规范性方法得出的结论，如社会性、实践性、主客观统一性、历史发展性、自由性，也包括从感性层面、描述性方法得出的结论，如精神感觉、实践感觉（需要和愿望、情感和思想、美感）以及五官感觉（视觉、听觉、嗅觉、味觉、触觉）等。这些综合起来，其实就是朱光潜在《生产劳动与人对世界的艺术掌握》一文中引用的，马克思《手稿》中所说的一句话：“人以一种全面的方式，就是说，作为一个总体的人，占有自己全面的本质。”①

5.3.4 朱光潜的阐释在该期语境中的意义

倘若我们将朱光潜的这种阐释，与下面三者进行比较和对比，可以看出其在中国该期特殊语境中的意义。

首先是列斐伏尔在1934至1935年的《辩证唯物主义》一书中，根据《手稿》中的“总体的人”概念而建构出的人性论。列斐伏尔认为，人既有人性（这是取“人性”的狭义——笔者注），如人类力量、认识、行动、爱、精神，以及社会性、无限性、自由性、实践性、创造性、可能性等②，也始终含有自然性，如饥饿、性的本能、欲望，以及现实性、自发性、非自觉性、心理和社会的注定性③；人里面有（内在）自然，（外在）自然里面也有人，两者无法割裂开来。要想实现人的全面发展，造就“整体的人”，就要消除人的内在自然和外在自然的异化。

---

① 马克思.1844年经济学哲学手稿［M］.中共中央马克思恩格斯列宁斯大林著作编译局，译.北京：人民出版社，2000：85.

② 列斐伏尔.人类的产生［C］//复旦大学哲学系现代西方哲学研究室.西方学者论《1844年经济学-哲学手稿》.上海：复旦大学出版社，1983：164，177，187－188.

③ 同上，第164－166，180页。

可以看出，和巴人、朱光潜一样，列斐伏尔并不否认马克思人性论中的自然性和感性层面，且同样强调人性的实践性、自由性、创造性等。但最重要的是，他和朱光潜一样，将全面发展举为人性的最高标准和人性发展的目标。从50年代中期开始，列斐伏尔便被中国学界视为“修正主义”路线的代表，其关于马克思著作的阐释也受到猛烈批判。而朱光潜对马克思的人的本质、人性观的阐释，却与他如此相似，在当时的情况下，不能不让人怀疑（或者担忧），他是不是在中国意识形态领域内部，呼应这样一种外部的“修正主义”观点。

其次是我们上面已经零星引用过的，从60年代到80年代，蔡仪就马克思对人的本质、人性问题的观点的阐述。上文说过，蔡仪先将“五官感觉”“实践感觉”“精神感觉”等人性概念的感性层面，以“主观唯心主义”的理由剥除出去；再将人的本质概念中的劳动层面，包括相关的主客观统一、实践性、历史发展性等性质，以“人本主义”的理由清理出去；从而全面否定《手稿》中对于人的本质、人性含义的表述，并确立《关于费尔巴哈的提纲》中关于人的本质的表述的唯一正确性。然而即使对于后者中本来已是高度抽象的定义，蔡仪也只提取了一个方面，“一切社会关系的总和”体现的社会性，而忽视了同样重要的另一个方面，“当作人的感性活动，当作实践去理解”，“从主观方面去理解”体现来的实践性。

蔡仪这种脱离了实践性的“社会性”，实质上就等同于客观决定论、历史决定论、宿命论——人的本质，不是在人的有目的、有意识的活动中，不是在人对自然和人类社会的改造中，被创造、发展出来的，而是消极被动地为各个时期的客观的社会关系所决定。将这种机械唯物主义的观点应用于对阶级社会的分析，就必然会导出阶级决定论的观点。这也就是蔡仪在《人性论批判》一文中所说的：

“在阶级社会里，人的阶级性虽不等于人的性格的一切，但是究竟是人的本性，而人的性格上的其他因素也为阶级性所决定。除了阶级性之外，不可能有人的本性，更无所谓超阶级的人类本性。”①

朱光潜与蔡仪，同样是马克思主义的美学家，同样处在当时的意识形态语境中，对于马克思的人的本质、人性观的阐释，差异却如此之大。考虑到后者的观点，其实是官方路线的忠实体现，所以朱光潜与其在观点上存在着巨大差异这一事实，实际也就表明了他对当时中国官方、主流路线的一种（隐秘的）颠覆。

最后是该期巴人在《人情论》中对人性问题的论述。巴人涉及的层面，即他后来遭到批判的层面有好几个，这里先说两个②。首先，他认为在阶级性之外，还存在人类本性——如对“饮食男女”的“要求”，对“鸟语花香”的“喜爱”，对于“温饱”“生存”和“发展”的“希望”，以及“对父亲和兄长的感情”等——即人的生物、生理、心理的属性；其次，他指出当前文艺创作中，最缺少的“是人情，是出于人的本性的人道主义”，而原因则在于“机械地理解了文艺上的阶级性的原理”③。

在这两方面的观点上，朱光潜都体现出与巴人的高度近似。文艺创作中的“人情之常”“人民性”“人类普遍性”，是朱光潜在1956年的《论美是客观与朱光潜的统一》一文中就已经提到的；就人性的含义本身，朱光潜与巴人一样，都反对将其简单、狭隘地等同于阶级性，而是将人的自然的、生物的、生理的、心理的属性也

① 蔡仪.蔡仪文集（第三卷）[M].北京：中国文联出版社，2002：452-453.
② 巴人.巴人文艺短论选[M].广州：花城出版社，1988：215-220.
③ 同上，第219—220页。

抬到重要的位置上来①。所以，考虑到《生产劳动与人对世界的艺术掌握》一文投稿之时，官方对巴人的批判已经开展起来，朱光潜的这种行为，几乎可以算是对巴人的一种辩护——尽管是以讨论美学问题的形式表现出来的。

事实上，即便在1960年3月份，在与一位年轻学者的私人通信中，朱光潜还坚持自己的这种看法：

> “关于‘普遍人性’问题，是近来批判修正主义中的对象之一。对于我来说，这个问题是复杂的，困难的。这首先牵涉到马克思恩格斯都强调的人的全面发展问题（既然说‘全面发展’，被发展的就当然有些普遍性，不只是就某一个人的个别情况说的）。……修正主义者的错误不在承认有‘人性’，而在借此否定阶级社会中文艺的阶级性。”②

随后在全国批判巴人“人情论”的浪潮中，北大也在全校范围内就人道主义、人性论问题组织了一次大型“研讨会”。当被邀上台发言时，朱光潜援引了《手稿》，说明马克思正是从人的本质出发，以消除人性的异化为基点来阐释共产主义理论的。这恰好中了组织者的下怀——果不其然，马上就有准备好的“辩论手”上台与其进行辩论，并得到观众的“热烈鼓掌”③。只是由于这次“人性论”批判没有打算针对本校人员，他才得以没有受到牵连。

---

① 如果说在论述人的本质、人性不等于阶级性上，该期朱光潜还有所顾忌的话，那么，到了20世纪70年代末，他则以一篇《关于人性、人道主义、人情味和共同美问题》的文章冲破了禁区。文中他大胆提出：“人性和阶级性的关系是共性与特殊性的关系或全体与部分的关系。部分并不能代表或取消全体，肯定阶级性并不是否定人性”，以及“他（马克思）强调的‘人的肉体和精神两方面的本质力量’便是人性。”参见朱光潜.朱光潜全集（第五卷）［M］.合肥：安徽教育出版社，1989：389。这篇文章发表后，在全国范围内掀起了关于人性问题的讨论。而讨论的结果，则是人性、社会性、阶级性之间的关系被重新处理，而人的生物、生理等自然本性，以及民族性等其他属性，都得到认真考虑。

② 朱光潜.朱光潜全集（第九卷）［M］.合肥：安徽教育出版社，1989：187.

③ 艾珉.忆朱光潜先生和我的师生情谊［J］.新文学史料，2007（2）：78.

5.4 马克思主义人道主义与资产阶级人道主义

在60年代上半期，除了在《生产劳动与人对世界的艺术掌握》等文中论述人道主义、人性（及异化）问题之外，朱光潜还通过评述资本主义时代以来的西方文艺、美学大家，如歌德、席勒、黑格尔等人在这一问题上的观点，以及在这方面上他们对于马克思的影响，来论证人道主义、人性（及异化）问题在马克思思想中的重要性，以及为何马克思主义在根本上是一种人道主义的学说。而他的这种手段，又主要体现在两本著译中，即前几章已经部分讨论过的《西方美学史》——以及更加重要的——他专门就这一问题、奉命编译的《从文艺复兴到十九世纪资产阶级文学艺术家论人道主义、人性论言论选辑》一书。我们这里先主要介绍后一本，后面会对《西方美学史》中的有关内容进行论述。

关于朱光潜的这部书，不但专门研究很少，甚至知道编译者为他的也很少，以至于20世纪90年代出版的二十卷本《朱光潜全集》中，都未收该书，因此有必要作稍微详细的介绍。根据现有的资料①，可以得知，该书的编译背景、过程和出版情况，大致如下：从60年代开始，中央的“反修”形势日渐严峻，人道主义、人性论首当其冲。如果说在这一问题上，西方和社会主义阵营其他国家当下的论述还可赶译，西方（包括俄国）资产阶级学者近现代几百年来的相关论著汗牛充栋，只能令人在现有材料基础上选编资料。因此对后者的要求是“急、深、全”——既要速度快，又要由理论家执

---

① 艾珉.忆朱光潜先生和我的师生情谊［J］.新文学史料，2007（2）：81；陈兆福.朱光潜和商务印书馆［C］//多人著.朱光潜纪念集.合肥：安徽教育出版社.1987：71；陈兆福.一词之释　七旬　半世纪之三　Humanism译作什么：天公降任［J］.博览群书，2001（7）：28－32；朱光潜.欣慨室随笔集［M］.北京：中华书局，2012：280.

笔保证深度，还要有广博的知识保证概括全面。中宣部于1963年委托北大哲学、西、俄语系编选这样两本资料，一本从哲学思想家角度着手，一本从文学艺术家角度着手。前者由哲学系周辅成担任主编，后者本拟由西语系冯至担任主编，但出于种种原因，最后交由朱光潜主编。两人商定基本观点、上下时限、所涉人物和彼此分工后，决定编一本《从文艺复兴到十九世纪资产阶级哲学思想家论人道主义、人性论言论选辑》和一本《从文艺复兴到十九世纪资产阶级文学艺术家论人道主义、人性论言论选辑》。

在朱光潜这方面，时任其助手的夏珉，这样回忆该书的编译过程：

“在我印象中，朱先生是欣然接受此项任务的，积极性非常高。1961年和1962年，整整两年内他的主要精力都放在这件工作上，这一时期，我平均每周都要在朱先生家工作两天。先生选材，写说明，我帮他抄录（当时还没有复印机），分类整理，草拟小标题，最后由先生定夺。……先生所选的材料，仅一部分有中文译本，有许多尚需翻译，朱先生自己译一些，其他的让我去组织西语系、俄语系的教师译。法文方面的，他曾让我试译一些小段落，权作翻译练习，最后由他修改定稿。”①

朱光潜的工作，除了这里所说的选材料，挑选现有的译文或组织别人以及亲自翻译外，就是为每位作家在此问题上的观点写篇按语，和为全书写一篇长篇序文，总论几个世纪以来资产阶级文学艺术家关于人道主义、人性论的观点流变。在1964年中苏论战高潮

① 从朱光潜《我的简历》中的记载，以及该书编写的背景、过程来看，艾珉这里给出的年份当有误，应该是1963年和1964年。艾珉.忆朱光潜先生和我的师生情谊［J］.新文学史料，2007（2）：78；朱光潜.欣慨室随笔集［M］.北京：中华书局，2012：280.

中，在中央“反修”大批判组的指示下，商务印书馆需将这类资料赶印出来。这时周辅成和朱光潜的两书已经编好，长篇序文也已写出。于是在付印之前，中宣部召集理论界、学术界、出版界三十余人，在商务印书馆举行对两书的讨论会。中宣部洪禹代替周扬发言，申明两书对于“反修”批判的重要性；主持者陈翰伯则预先代周辅成、朱光潜申明，诸位学者“对两篇序言哪怕认为该推倒重写也请提出来”①。两位编译者交待完两书大致情况后，便由诸多学者进行讨论，及提出批评意见。

两年之后，即1966年年初，周辅成一书先行出版；朱光潜一书，则1971年，才作为商务印书馆恢复业务之后的第一本书内部出版。编译者的署名被改成了“北京大学西语系资料组”，朱光潜的名字则完全消失。他原先撰写的长篇序文被撤下，改换了一篇革命性极强的短文作为序言，仍由他本人撰写。其中说道：“本选辑成书于‘文化大革命’前，缺乏革命的批判精神（如未能冠以批判性的标题，评介人物及其观点时都存在不少问题）。由于早已打好纸型，故存在的种种问题概未纠正，希望读者使用时加以批判，并提出宝贵意见。”②

从上面可以看出，无论就编译的目的、政治和意识形态的背景、出版发行过程来看，周辅成和朱光潜这两本书都极其相似。不仅如此，两书之间更大的相似，却还在其关于资产阶级人道主义、人性论和异化问题的整体观点上。在这两本书中，相对于人性和异化这两个概念，人道主义的概念被论述得最多，原因是：相对于另外两个概念，人道主义概念在历史上出现得最早，具有的哲学色彩最淡，

---

① 陈兆福.一词之释　七旬　半世纪之三　Humanism 译作什么：天公降任［J］.博览群书，2001（7）：29－31.

② 北京大学西语系资料组.从文艺复兴到十九世纪资产阶级文学艺术家论人道主义、人性论选辑［M］.北京：商务印书馆，1971：3.

含义和倾向性都比较明了，一般文献中使用频率也比较高。因为上面已就人性、异化概念进行了大致介绍（虽然基本上是从马克思主义角度来说的），这里便就人道主义概念的含义和历史，简单介绍一下两书的基本观点——也就是该期中国几乎所有的论文、报告中所持的观点。

西方文艺复兴时期，资产阶级处于上升阶段，一种人文主义思潮开始兴起，它以人的理性、人的尊严、全面发展和宽容思想为中心，肯定个人自由和现世幸福，在反封建反教会运动中起了较大作用。这种人文主义也被称为人道主义，是后者的第一层含义，相当于英语的 humanism。

在 17、18 世纪，资产阶级力量逐渐壮大，将人道主义思想从文化、思想领域，扩展到政治、制度领域，以理性、人权、自由、平等概念作为其主要内容，促进了资产阶级革命。这一内容也就是人道主义概念的第二层，也是最为常见的含义，相当于英语的 humanitarianism。

在 19 世纪，资产阶级获取或巩固了政权，同时与无产阶级的矛盾日益加深，于是人道主义一方面转化为博爱主义，作为阶级调和论的基础，另一方面突出表现为个人主义及其直接后果——悲观主义和颓废主义，到此它也就演变成自身的对立面，即反人道主义。

人道主义的概念，有时也与人本主义相混淆。后者又被称为人本学或人类学原理（德语为 Anthropologismus），出现在 19 世纪，代表人物是费尔巴哈，他用生物学、生理学的方法研究人，得出人的本质在于博爱。

人文主义、人道主义、人本主义三者的共同点在于，“社会历史观都是建立在唯心主义的基础上，他们都把个人的意志看作是社会历史的动力，把社会的发展了解为善与恶，理性与非理性，正义与非正义之间的斗争，即把人类社会中的一切矛盾斗争都归结为仅仅是伦理范畴内的人性斗争，把一部社会发展史看成是一部‘永恒的人性’的发现史”①。

尽管两书在诸多方面具有高度的相似性，但是倘若进行一番深入的分析和比较，我们却还是可以发现它们观点上的少许、细微差异。这些差异，并非出于偶然、随意的原因，而是根本上由于编译者本人的立场、观点，以及编译的角度之间的差异所导致的。而正是从这些差异，我们可以看出在评价资产阶级人道主义、评价它与马克思主义人道主义之间的关系上，朱光潜与官方、主流的不同态度。

5.4.1 编译者本人立场的差异

我们从两书的序言开始讨论。前面说过，朱光潜一书原来的序言在出版时被撤下，换上了一篇符合“文化大革命”新形势的新序言。但鉴于原书在此之前就已打好纸型，因此可以认为，原序言本来是获得认可的。两书编者都将资产阶级的历史，以及人道主义、人性论在其中的体现和意义，按文艺复兴时期，17、18 世纪，以及 19 世纪和以后，分成三个阶段论述。由于第三个阶段的哲学和文艺资源，对于当代西方影响最为直接和深刻，因此是批判的重点，而编译者进行评价时，也不可能采取任何折中的态度。但对前两个阶段，一方面时代较远，没有密切关系到当代的问题，另一方面马克思主义经典作家也对此有过评述，因而编译者可以在批判的同时，在某种程度上给予肯定。而正是对于这两个阶段的人道主义、人性论的评价上，我们可以看到朱光潜与周辅成在观点上的差异。

这首先体现在：其一，在客观叙述、肯定和批判三种评价的篇幅分配上，两人有所不同；其二，在展开批判时，就评价者自身所持立场、评价标准和出发点而言，两人亦有所不同。在周辅成那里②，

① 马文兵.论资产阶级人道主义［J］.新华半月刊，1960（21）：126.

② 周辅成.从文艺复兴到十九世纪资产阶级哲学思想家论人道主义、人性论言论选辑［M］.北京：商务印书馆，1966：ii－xvii.

对第一阶段即文艺复兴时期，肯定的文字寥寥无几，而客观叙述和批判的文字分别占了三分之二和三分之一；对第二阶段即17、18世纪，客观叙述、肯定和批判的文字分别占二分之一、六分之一和三分之一。可以看出，他将“评”提升到与“述”同样的地位，但在“评”的时候，对其积极面称许不多，对其消极面则详加论述。不仅如此，自始至终，他都成功地运用了阶级斗争的观点，主动站在劳动阶级的立场上，从阶级局限性和历史局限性两方面，对资产阶级的人道主义、人性论进行了批判。比如对第一阶段，周辅成这样展开批判：人道主义的提出，是为了服务于资产阶级，而非劳动人民；是建立在个人主义的基础上，只重个人利益，不顾社会利益；是建立在历史唯心主义基础上的，因此不能彻底地实现反封建反教会的任务；作为其口号之一的“宽容”，在本阶级之外，自始就具有欺骗性。

但在朱光潜那里①，不管是第一阶段还是第二阶段，都不但是以“述”为主，以“评”为辅，而且也不组织大段的、集中的批判文字，而是将各具体问题上的观点（包括批评性的文字）糅到相应的客观论述之中。这样，一方面并不遗漏对于关键性问题的评论，另一方面也避免了制造一种印象——西方历史上，人道主义、人性论的消极面大于积极面。虽然他同样运用了不少阶级斗争的观点，但与周辅成不同，完整人性和人的解放的标准，依然是他论述时的一个主要出发点。比如同样对于第一阶段，朱光潜的批评是：在资本主义制度下，人道主义必定会，而且事实上也导向了拜金主义、悲观主义、个人主义和享乐主义。倘若从该期激进的、两分法的观点来看，这种评述便难脱一种嫌疑：依然是站在资产阶级的立场上，力图批评、纠正这种人道主义给自身（即资产阶级）带来的弊端；而非

① 朱光潜.朱光潜全集（第五卷）[M].合肥：安徽教育出版社，1989：494－508.

站在无产阶级的新高度，就这种人道主义给无产阶级、给无产阶级和资产阶级的关系带来的问题，对它进行根本的否定。

这其次还体现在：正文按语中对于特定历史人物的评述上，以肯定为主还是以批判为主，两人在观点上有所不同。原则上，对于诸多人物，或同一人物的诸多方面和诸多著作，周、朱二人先前已进行了分工；但事实上二人工作总有重叠之处，比如爱拉斯谟、蒙田、培根、孟德斯鸠、卢梭、赫尔德等人，就既是哲学思想家，又是文学艺术家，而他们的某些作品，也可以既看作哲学著作，又看作文艺著作。在对这些人进行评价时，周辅成通常一边给予客观论述和肯定意见，一边给予观点鲜明、言辞激烈的批判；而朱光潜则以客观论述和肯定为主，至于批判意见，则或者一笔带过，或者根本不提。

比如对于卢梭的人道主义思想，周辅成就展开了大段的批判，认为卢梭人道主义思想的进步性，在一定范围之外，就“呈现出一篇混乱与矛盾”；认为卢梭否认现代文明、科学与工业的观点，“是反乎时代要求的”；认为卢梭的人性论，“多少与基督教的人性论有些相联”，最后不得不“从怜悯心或良心，一直推证到必然有一上帝，必需有一上帝”①。在客观叙述和肯定卢梭方面，朱光潜与周辅成是一样的，然而他的批评却只有简短的一句话：“他（卢梭）所号召的‘回到自然’……也有否定一切文化，强调回到原始人的‘自然状态’的一方面，这方面却是反动的。”② 对于赫尔德，周辅成认为他“使法国启蒙运动家所急欲发动的政治斗争，变成了纯思想斗争”③，并以此影响了德国后来的人道主义者，从而使“人道的意

① 周辅成.从文艺复兴到十九世纪资产阶级哲学思想家论人道主义、人性论言论选辑［M］.北京：商务印书馆，1966：378.

② 北京大学西语系资料组.从文艺复兴到十九世纪资产阶级文学家艺术家论人道主义、人性论选辑［M］.北京：商务印书馆，1971：193.

③ 周辅成.从文艺复兴到十九世纪资产阶级哲学思想家论人道主义、人性论言论选辑［M］.北京：商务印书馆，1966：601.

义，更变得抽象而神秘了”；朱光潜则全部是客观介绍和表示赞成，没有一句批评的话语。显然，对于卢梭、赫尔德等人需要批判的地方，朱光潜不会不知道，只是相对于周辅成，他更注重突出他们有价值的、值得继承的一方面。

在对资产阶级人道主义、人性论的历史叙述和评价上，周辅成和朱光潜之间的差异，可以归结到一个根本的原因，即在人道主义、人性论问题上，两者本人的态度存在着相当大的分歧。如果说在该期对于这一问题的论述，由于主流规范的限制，不可避免地会出现言不由衷的现象，常常使得考察结论不足为凭；那么对比两人在“文化大革命”之后的论述，当可以看得比较清晰。就朱光潜这一方面，前面已经说得很多；而周辅成的观点，在其80年代的数篇文章中也表现得相当明确和统一。最为典型的，当属其《谈“人”和“人的解放”》一文①。

在这篇文章中，周辅成先分析了文艺复兴以来，人道主义思潮下掩藏的个人主义的消极方面，接着以主要篇幅论述法国大革命和巴黎公社的例子，得出结论——应把社会历史观的“理论基础放在阶级论上而不放在人性论上”，最后驳斥了几种依据马克思《手稿》，主张“从阶级论回到人性论，从阶级解放回到人的解放”的观点。简而言之，对于资产阶级人道主义、人性论的价值，以及人道主义、人性论在马克思主义中的地位，周辅成基本上持否定态度。

如果就周辅成的学术经历和观点，他在学界、学生中的口碑，以及他在实际问题上的看法来说的话，周辅成其实是一个典型的传统人文主义者。他之所以否定普遍人性论和人道主义，也是出于一种好意，即以为“阶级论”可以用作理论基础，来“为劳动人民的阶级利益讲话”。至于他明明知道“有人利用无产阶级之名来搞法西

① 周辅成.谈“人”和“人的解放”[A].北京大学哲学系.马克思主义与人[C].北京：北京大学出版社，1983：201－213.

斯”，却依然抱残守缺，我们只能说，太过“堂吉诃德”了！他对于人道主义、人性论和阶级论的观点，在80年代的“反对资本主义自由化”“清除精神污染”运动中被官方保守力量利用，作为批判这一时期人道主义思潮的工具。

5.4.2 从哲学、伦理学的角度与从文艺、美学的角度

如果说在对资本主义人道主义、人性论的整体评价上，以及对少数同为哲学思想家和文学艺术家的卢梭、赫尔德等人的评价上，由于本身立场和评价标准、出发点的不同，导致了周辅成和朱光潜在结论上的差异；那么，在对康德、黑格尔的评价上，则还由于两者切入角度的不同，导致了结论上的巨大差异。这里以黑格尔为例，来看看朱光潜从其《美学》一书出发，而周辅成从其其他主要著作（如《精神现象学》《逻辑学》《哲学全书》《法哲学原理》《历史哲学》等）出发，勾画出的其在人道主义、人性论问题上两种截然不同的形象。

周辅成首先肯定了黑格尔在人道主义、人性论问题上的“合理内核”①：从历史主义观点出发，指出18世纪资产阶级人道主义者所宣传的自然法、自然状态、自然权利、社会契约等学说的不科学性，认为个人自由只能是国家许可的自由等。然而，他随即从意图、内在矛盾和实质等方面，对黑格尔这些观点的价值进行了驳斥②：黑格尔持这种态度，是为了“利用封建等级制来替资产阶级服务”，“把完全的自由限于国家，即资产阶级的自由，借国家力量来实现”，“宣传普鲁士沙文主义，赞美战争”；与此同时，“他的‘宇宙精神’或‘绝对观念’（他的整个思想的基础）却是‘人道的绝对化’或者说是‘神化的自然’，是一种神人合一的自然论或人道论”；“表

① 周辅成.从文艺复兴到十九世纪资产阶级哲学思想家论人道主义、人性论言论选辑［M］.北京：商务印书馆，1966：641.

② 同上，第642页。

面上是在反对十八世纪的人性论与人道主义，实际则是想结合神性论与神道主义来宣传贵族化资产阶级的人性与人道”。

周辅成的这些批判意见和结论，在朱光潜的编者按语完全没有体现。他仅仅从美学和文艺的角度，论述了黑格尔关于人的本质和全面人性的观点①：人不但是自在的，更是自为的，能够通过认识和实践活动实现自己，从而实现人与自然的对立统一；人既有感性方面、即动物性，又有理性方面，能体现世界的“普遍力量”和伦理思想，从而实现感性与理性的对立统一；艺术是人认识世界，并且通过实践在客观世界中实现自己的一种手段；艺术是人特有的、自觉的一种活动，因此艺术的真正主题和内容只能是人，也因此艺术美高于自然美；艺术中人格的伟大和刚强取决于矛盾对立的伟大和坚强等。结合朱光潜在《西方美学史》和《美学》译本中，就黑格尔对马克思在哲学、美学思想上的影响而展开的论述，我们知道，朱光潜是想传达这样一种观点：黑格尔美学（和相关的哲学）理论中展示出来的这些人道主义思想，正是马克思美学和哲学理论里人道主义思想的来源之一。

对比以上两者，我们可以看出，周辅成将黑格尔描述成了一个理论上的反人道主义者和实质上的贵族资产阶级人道主义者；而朱光潜则将其描述成了一个掌握辩证法的资产阶级人道主义者和马克思人道主义思想的一个源头。为什么两者的评价会有如此大的差别呢？我们知道，黑格尔（康德亦然）不但在哲学、艺术诸多领域都有建树，而且还将不同领域的理论串联起来，形成了一个完整的哲学体系，正如周辅成所说的，他的著作“都是连贯成一大系统的”②。

---

① 北京大学西语系资料组.从文艺复兴到十九世纪资产阶级文学艺术家论人道主义、人性论选辑［M］.北京：商务印书馆，1971：529.

② 周辅成.从文艺复兴到十九世纪资产阶级哲学思想家论人道主义、人性论言论选辑［M］.北京：商务印书馆，1966：642－643.

按照常理，我们应当推断：黑格尔体现在不同领域、著作中的人道主义思想，彼此之间应有相互呼应、相互关联和相互论证之处，即便在细节之处有矛盾，但也不至于太大。

但事实却不这么简单——也因此才会有这种评价上的差异。黑格尔将其理论核心的唯心主义和辩证法，运用到各个具体领域时，很容易因为理论本身的缺陷、现实环境的限制或功利性的目的等原因，在实际问题上得出错误的结论——上面周辅成所说的“神性论与神道主义”“宣传普鲁士沙文主义”等，都是根本性的缺陷。从19世纪的右派黑格尔主义者，到20世纪的“新黑格尔主义者”，在阐释和应用黑格尔哲学时，都将其往唯物辩证法和革命性的相反方向，推得越来越远；而敌视德国古典哲学的斯大林，则直接宣布黑格尔哲学为“德国贵族对法国大革命和法国唯物主义的反动”。在这些因素的推动下，黑格尔哲学的诸多方面，尤其是法哲学，被苏联、中国的正统马克思主义一笔否定；而其中本来存在的一些人道主义倾向，也在“神人合一的自然论或人道论”“贵族化资产阶级的人性与人道”等批判词句下湮没不闻。

然而却也不是没有少许的例外——比如距离唯物主义、伦理学、法哲学稍远的美学理论，便不但较少受到统一的批判，甚至还为马克思主义（包括正统的）美学家所格外重视。对黑格尔本人来说，美学史和美学理论的撰述，较少受到宏大体系、现实政治的限制以及功利性目的的影响，也更能依据美学、文艺本身的标准；在马克思主义经典作家那里，恩格斯等人都对《美学》一书给予了赞许。因此带有很深的黑格尔主义烙印的卢卡奇，尽管从20年代开始，就在各种政治和意识形态运动中，屡屡遭到批判，被迫反省、纠正自己早年的哲学理论；然而其在黑格尔美学基础上建立起来的文艺、美学标准——包括人道主义、现实主义和艺术水准三方面，而以人道主义为核心——即便在50年代之后的苏联、东欧官方文艺、美学界，也得到了相当程度上的认可。

就朱光潜而言，他从对《美学》一书的评价出发，对黑格尔的人道主义思想表示认同，一方面是出于他本人的意愿，另一方面也得益于与周辅成的分工。其实在关于“黑格尔”条目的按语的一开始，朱光潜就说过“他的人道主义思想体现在他的整个客观唯心主义哲学体系中”①，然而却不愿意就黑格尔的其他著作，进行哪怕少许的评论，或者从其哲学的全部体系出发，来论述美学理论中的人道主义思想。因为倘要实现一种全面、客观的评价，朱光潜便不得不对黑格尔在其他方面的非人道主义或反人道主义思想进行批判——而这是他不愿意做的，一方面会“越界”，另一方面也会与他自己的基本观点形成矛盾，更会影响他关于马克思（部分继承自黑格尔）的人道主义观的评价。

如果说黑格尔只是个例，那么朱光潜从文艺、美学的角度，对许多历史人物在人道主义问题上观点的评价，相比周辅成从逻辑学、伦理学角度考察而给出的评价，大都要积极得多。这实际上是由文艺、美学本身的特点所决定的。在马克思主义经典作家看来，资产阶级文艺家如狄更斯、巴尔扎克、雨果、托尔斯泰、陀思妥耶夫斯基等，其认识论、道德观、历史观和政治立场往往是唯心主义的、形而上学的甚至反动的，但这并不妨碍其文学作品中展示出丰富的人道主义内容。实际上，他们肯定人道主义和人性的一面，往往在美学、文艺理论和实践中体现最为突出。而朱光潜以人道主义、人性和异化为线索，勾画出一幅西方从文艺复兴以来的资产阶级文艺、美学家的历史，实际上正是证明了同期受到批判的、钱谷融借高尔基之口说出来的“文学是人学”的论点。

---

① 北京大学西语系资料组.从文艺复兴到十九世纪资产阶级文学艺术家论人道主义、人性论选辑［M］.北京：商务印书馆，1971：529.

5.4.3 马克思对德国古典美学家的继承

英国当代马克思主义学者佩里·安德森认为，20 世纪西方马克思主义研究中的一个普遍特点是，“它们无一例外地依赖马克思以前的哲学——以此阐明马克思本人的哲学，使之合法化，或加以补充”①。相关例证很多，如卢卡奇最早从黑格尔哲学来阐释马克思主义，后来的马尔库塞等人也追随这条路线；萨特虽不否认黑格尔哲学的影响，却认为克尔恺郭尔更值得研究；德拉·沃尔佩学派（主要是他本人及学生科莱蒂）则否认黑格尔哲学的影响，而将马克思主义的来源上溯到康德和卢梭；阿尔都塞则主要从斯宾诺莎哲学出发，来建构出他自己独特的马克思主义哲学②。在中国，李泽厚也通过评述康德哲学，提出了自己的“新马克思主义”哲学（即主体性实践哲学、人类学历史本体论）。在此过程中，他取消了黑格尔在这种哲学中的地位，而以席勒来替换，从而形成康德—席勒—马克思的思想谱系③。

就这里讨论的人道主义问题而言，周辅成和朱光潜分别从哲学、思想和文艺、美学的角度，列出了马克思之前（也包括少数之后）的代表性的人物和学说。因为周辅成从根本上是否认马克思主义的人道主义的，所以我们就无法讨论马克思在这一方面与传统的正面联系。但在朱光潜这方面，虽然他表面上也将资产阶级人道主义与马克思主义人道主义对立起来说，但实际上却更多强调了后者对前者的继承和发展。

在其参与主编的《从文艺复兴到十九世纪资产阶级文学艺术家论人道主义、人性论言论选辑》中，朱光潜按照时期、国别，将全书按

---

① 安德森. 西方马克思主义探讨［M］.高铦，文贯中，魏章玲，译.北京：人民出版社，1981：77.

② 同上，第 79－85 页。

③ 李泽厚.批判哲学的批判［M］.北京：读书·生活·新知三联书店，2007：456.

时间划分为七个部分，文艺复兴时期一部分，17、18 世纪英国和法国各一部分，19 世纪法国、德国、俄国和其他国家（英国、美国、北欧）各一部分。就单个部分占全书的篇幅而言，19 世纪德国部分排在第一；就单个人物占全书的篇幅而言，19 世纪德国的三位文艺家赫尔德、歌德和席勒排在最前几位（此外能与之相比的只有雨果）。

朱光潜这种篇幅分配方式，一方面是因为 19 世纪德国文艺、美学家在这方面的撰述丰富而深刻；另一方面，也是更重要的是，他是将这些文艺、美学论述中体现的人道主义思想，作为马克思人道主义思想的主要源头来看的。上面我们举了赫尔德和黑格尔的例子，这里则着重考察席勒，他的美学著作中如何体现了人道主义思想，马克思对他的哪些思想进行了继承，以及朱光潜如何来论述和证明这些内容。值得一提的是，该期古典文艺理论、美学资源极为缺乏的中国学界，席勒的美学理论是得到较高重视的，其主要著作《审美教育书简》和《论素朴的诗和感伤的诗》都被节译过来；但是就此进行全面的、原创性的评论，并将其与马克思的文艺、美学以及人道主义思想进行对比研究，却只有朱光潜一人。

在其写于 1963 年的《席勒的美学思想》（随后成为《西方美学史》中的席勒专章）一文的总结部分，朱光潜将席勒和马克思的美学思想进行了比较，他这样说：

“席勒的美学思想是充满着矛盾的。要认识这种矛盾，最好的办法是就席勒的《审美教育书简》和马克思的《经济学—哲学手稿》来进行一番仔细的比较。马克思在这部名著里所讨论的问题，如‘劳动的异化’，人的全面发展，人与自然的统一。最高的人道主义以及艺术在人的全面发展中所占的地位之类重大问题，正是席勒所接触到而且努力要求解决的。但是马克思的解答和席勒的解答却是完全对立的。我们在这里不能说明这种对立，但是只指出一条研究的路线。

读者会发现这种比较对于美学史的研究者是一种深刻的教育。”①

70年代末，朱光潜在修订《西方美学史》一书时，将这段话中的“但是马克思的解答和席勒的解答却是完全对立的。我们在这里不能说明这种对立，但是只指出一条研究的路线”一句撤下，换上了“马克思在一些论点上可能受到席勒的启发，但是马克思和席勒有唯物史观和唯心史观的基本分歧”的说法②。不难看出，后一种说法才是他的真实观点；在60年代的环境中，朱光潜虽然极力引导读者注意席勒和马克思在问题、观点上的联系，却不得不在书面上强调两者的对立。

与此同时，倘若将他在《生产劳动与人对世界的艺术掌握》一文中对马克思文艺、美学和人道主义思想的论述，与他在《言论选辑》和《西方美学史》中对席勒的相关观点的论述，进行一个对比的话，便会发现，这些实际足以证明马克思对席勒的继承。在这之前，有必要先交代一下席勒对于人类历史和人性、艺术问题的大致观点。朱光潜这样说：

“在《审美教育书简》里（第5—6信），席勒已就近代文化与古代希腊文化进行了对比，指出在古希腊社会的单纯情况里，个人与社会以及个人内部的感性功能与理性功能都还处在谐和的统一体里，利于审美活动和艺术活动的发展；而在近代社会里则阶级对立和分工制造成人与人的矛盾以及人格内部的分裂和腐化，极不利于审美活动和艺术活动的发展。他还指出要使近代文化危机得到解放，须通过审美教育去恢复人的完整性，即感性与理性的统一，从而恢复社会的和谐和团结一致。”

---

① 朱光潜.西方美学史（上）［M].北京：人民文学出版社，1963：14.
② 朱光潜.朱光潜全集（第七卷）［M].合肥：安徽教育出版社，1991：113－114.

接下来，我们就从朱光潜提到的几个方面，即劳动的异化、人的全面发展、人与自然的统一，最高的人道主义以及艺术在人的全面发展中所占的地位等，来比较席勒与马克思的相似和不同之处。首先是劳动异化的问题，朱光潜这样说：

“由于他（席勒）悬‘完整人格’或‘优美心灵’为最高理想，他对资本主义社会分工制对人格发展所造成的危害的认识更为透彻。他所说的人只是钟表机械中‘一个孤零零的断片’，‘变成他的职业和专门知识的一种标志’，‘欣赏与劳动脱节，手段与目的脱节，努力与报酬脱节’。那些现象正是马克思在《经济学—哲学手稿》中讨论分工制和‘劳动异化’时所详加阐明的。”①

当然他也随即指出，相比于马克思，席勒存在的问题：

“马克思把病源诊断为私有制，把私有制的消灭定为唯一的根本治疗方剂。席勒把病源诊断为人心腐化，于是就把审美教育定为治疗社会的方剂。这个对比就可以见出席勒思想的积极方面（认识到资本主义社会的病象）和消极方面（诊断和治疗都错了）。”②

其次是人的全面发展的问题。上文我们说过，在阐释马克思的人的本质、人性观时，朱光潜先将人性的诸多方面和属性兼容并包——如有目的性的自觉的劳动、感性力量（精神感觉、实践感觉、五官感觉），以及社会性、实践性、主客观统一性、历史发展性、自由性等，从而得出马克思“人的全面发展”的观点——即“人以一种全面的方式，就是说，作为一个总体的人，占有自己的全面的本

① 朱光潜.朱光潜全集（第七卷）[M].合肥：安徽教育出版社，1991：100.
② 同上，第100—101页。

质”，最后指出劳动异化使人丧失了人性的完整性，因而消除这种异化就是共产主义革命的目的。在这里，朱光潜则揭示出，与此类似的观点，席勒早就表述过：

“和歌德在一起，席勒在《审美教育书简》以及其它论文里建立了浪漫主义时期的人道主义的理想：理想的人是全面得到和谐自由发展的‘完整的人’。这个理想是在文艺复兴早期早就提出的，席勒的功劳在于给予这个理想以一种更具体更深刻的内容：人的完整性在于理性和感性的统一，必然与自由的统一以及理想与现实的统一。他认识到这种理想在近代资本主义社会中由于阶级的划分和严密的分工制而遭到破坏，并且指出近代文化危机的解救在于力求恢复已经割裂的统一。”①

人与自然的统一问题，是人的全面发展、完整人性问题的另一种表述形式。朱光潜指出，席勒“所理解的自然是广义的，包括外在自然（现实）和内在自然（人的本性）”②。因此个体与社会（包括自然界）的关系、个体内部各种属性（感性与理性是最基本的一对）间的关系，也就是人与自然的关系。上面我们交代了席勒在这一问题上的历史观，不难发现，席勒的这种观点，与马克思的人性史观具有很大的相似：在前者那里，是人与自然（个人与社会、个人内部的感性与理性）的关系，从最初的和谐、统一，到近代的分裂、腐化，再到未来的和谐、统一；在后者那里，则是人性从最初的独立、完整，到资本主义社会的异化、丧失，到共产主义的解放、复归。

上面说过，就恢复人性完整性的手段、方案上，席勒提供的回答是文艺和审美教育——而这实际又是基于他的“游戏冲动”学说

---

① 朱光潜.朱光潜全集（第七卷）[M].合肥：安徽教育出版社，1991：125.
② 同上，第115页。

提出的。席勒认为，人为了统一自己身上的两对立面，即主体、理性和形式，与对象、感性和内容，就要通过两种自然要求或冲动，即“感性冲动”和“形式冲动”（或称“自然冲动”）；但这两者依然给人带来了感性要求和理性要求的强迫，因此又必须通过“游戏冲动”，来消除强迫、恢复自由。对于“感性冲动”和“形式冲动”，朱光潜这样解释：

“人一方面要求使理性形式获得感性内容，使潜能变成实在，也就是使人成为一种‘物质存在’，这就是‘感性冲动’；另一方面人也要求感性内容或物质世界获得理性形式，使千变万化的客观世界现象见出谐和法则，这就是‘形式冲动’。前一个冲动（‘感性冲动’）要‘把我们自身以内的实在的东西转化为现实’，后一个冲动（‘形式冲动’）要‘使我们自身以外的实在的东西服从必然的规律’（第一二封信）。不难看出，席勒在这里已经窥测到马克思在《经济学—哲学手稿》中所阐明的‘人的对象化’和‘对象的人化’的辩证关系。”①

虽然这里朱光潜只是说席勒“窥测到”马克思后来阐明的“人化”和“对象化”理论，而非说他影响了马克思，但指出这种联系，还是肯定了马克思与席勒在思想上的连贯关系。随后在总结全文时，朱光潜又指出，席勒美学“形成了由康德的主观唯心主义转到黑格尔的客观唯心主义之间的桥梁”，“黑格尔的‘美是理念的感性显现’一条基本思想实际上就是席勒观点的进一步发展”。既然席勒影响了黑格尔，而黑格尔又影响了马克思，这就进一步论证了席勒和马克思观点上的联系。

① 朱光潜.朱光潜全集（第七卷）[M].合肥：安徽教育出版社，1991：102.

第 6 章

结语

本书主要考察了在中华人民共和国之初的“十七年”间（1949—1966），朱光潜如何通过美学译介活动，来改造自己旧的美学思想，帮助建设中国的美学学科，建立自己的实践美学理论，以及建构一种人道主义的马克思主义美学。

学术翻译，即本文所称的美学“译介”，包括翻译、引进和诠释三个方面。其中“翻译”除了包括译文本身，也包括译文之外的翻译“副文本”——如前言、译后记、注释、按语等——这对于翻译研究有重要的意义；“引进”强调译入语文化对于译介活动的迫切需要，这种活动需具有的时间性，以及在译入语文化中产生的影响；“诠释”则强调译介者本人的独立视角、态度或观点，译介的深度和广度，以及历史语境对译介活动的制约。一种译介活动可以由这三方面的不同（共七种）组合而构成，在同一种组合中也可以有不同的侧重点。中国该期的美学研究，离不开对于三种主要资源的译介，即马克思主义经典著作中关于美学的论述，苏联美学理论以及西方美学史。在这三种资源的译介上，朱光潜都做出了突出的成就，而这种译介工作对他本人也具有重要的意义。

首先，译介活动是朱光潜展开思想改造的重要手段。在 1949—1966 年，朱光潜在政治、文艺和美学诸多方面都处于不利的境地，为此他必须对自己过去的唯心主义美学思想进行改造，同时从头学习马克思主义的美学思想。在对自己1949年之前的美学思想、理论来源以及自己的译介行为进行批判时，他并没有一味顺从主流的观点，而是在美学评论的方法、立场、批判性继承法等问题上，以及对具体美学理论的价值的评判上，较大程度地保留自己的观点。他还通过学习俄语和德语语言，译介20世纪五六十年代的苏联美学理论，黑格尔的美学著作以及西方马克思主义美学家、文艺理论家如哈拉普、考德威尔、列斐伏尔和卢卡奇等人著作的方式，来掌握马克思主义的美学理论。

其次，通过他的译介活动，朱光潜帮助建设了中国的美学学科。美学学科在中国受到重视，主要是由于它的教育功能，它与文艺理论和实践以及哲学研究的密切关系，文艺领域领导人的重视，以及中国建构独立的马克思主义意识形态的愿望。但1949—1966年这一时期中国美学学科的基础极为薄弱。在创建美学专业、培养年轻教师、翻译理论著作、编写美学教材各个方面，朱光潜都被委以重任，利用其译介活动，发挥了重要的作用。

朱光潜《西方美学史》一书的撰写方法，与当时主流的历史研究方法有着重大的区别：如将资料的整理和翻译作为撰述的基本前提和重要部分，而非“以论带史”——即以教条式的马克思主义或官方当下的指导思想，来展开甚至代替具体的历史研究；以代表性和影响力来选择人物和流派，而非用唯物主义对唯心主义的斗争作线索；将马克思主义美学放在西方美学史的进程中，主张批判地继承历史遗产以发展自身，而非将马克思主义美学与其他美学思想对立起来，认为前者仅仅是对于后者的否定和终结。

再次，在建立自己的实践美学理论的过程中，朱光潜的译介活动也发挥了重要的作用。朱光潜实践美学理论的源头主要有三个：苏联五六十年代的美学理论，黑格尔和考德威尔美学中的实践观点，以及马克思《手稿》中关于美学的论述。通过译介这些外部资源，朱光潜不但建立起了自己的美学理论，也推动了该期整个中国美学讨论的发展。

朱光潜译介和借鉴的苏联资源，包括俄语美学资料、苏联美学讨论中提出的观点、概念、方法论和问题等。资料主要是指苏联翻译的马、恩的专著，尤其是《手稿》，苏联编译的马、恩论文艺的选集，以及一些学者引用的马、恩的其他零散论述等。观点、概念主要是指苏联“艺术掌握”派的核心观点，即艺术、审美与物质生产一样，都是人对世界的艺术的、实践—精神的掌握方式；苏联学者及朱光潜对此的论证过程不乏问题，但这一观点本身却依然具有重要的价值。方法论之一是将艺术、审美与科学、理论进行比较，来揭示前者的特殊性，比如它是形象思维而非抽象思维，是人对现实的艺术的、实践—精神的、整体的掌握，而非理论的、非整体的掌握。方法论之二是从学科分工、研究范围的角度出发，将美学与哲学或个别艺术理论区分开来，比如相对于范围较广的哲学，美学应体现出其特殊性；相对于范围较窄的个别艺术理论，美学又应体现出其普遍性。问题主要是指美学研究应以艺术为主，还是以美和审美的哲学、科学为主；朱光潜等人将该问题引入中国，使之也成为中国美学讨论的一个热点。

黑格尔和考德威尔的美学著作，也促进了朱光潜对马克思《手稿》中“自然的人化”和“人的本质力量的对象化”的理论的认识和认可。就马克思的“实践”“人化”“对象化”等概念，朱光潜与李泽厚等人的阐释之所以差异巨大，原因乃是前者是从黑格尔的哲学、美学理论出发，而后者是从经济基础决定上层建筑的理论以及列宁的反映论出发展开研究的。

作为马克思在美学问题的论述上最重要的著作，以及 20 世纪下半叶中国美学研究中的焦点之一，《手稿》在该期中国学界其他美学家那里，并没有得到充分的研究和重视。相比之下，朱光潜对该书中的美学理论，做了较为详细、深入的阐发，主要包括“美的规律”和美感的起源与发展两个问题。就前者而言，朱光潜将“美的规律”与生产的规律紧密联系起来，兼顾了其中的两方面——客观事物的规律以及主观方面的需要、目的和意识，并强调了其中所包含的“人的整体观点”。就后者而言，他较为全面地揭示了美感所具有的基本性质，如主客观统一性、实践性和历史发展性等，并从《手稿》中找出相关的论述（“在自己所创造的世界里观照自己”），来说明美感的起源。

最后，朱光潜也利用自己的美学译介活动，来建构一种人道主义的马克思主义美学。从人道主义、人性和异化观点来阐释马克思主义哲学和美学，是 20 世纪国际马克思主义学界的一种强大思潮。但 1949—1966 年的“十七年”期间，对于这种观点在政治、经济、意识形态、哲学和文艺各领域中的应用，中国基本予以否定。在这期间朱光潜主要从三方面着手，从人道主义角度对马克思主义美学进行了阐释。

其一，通过译介苏联美学家的美学理论和建构自己的实践美学理论，在其中隐秘地表达出人道主义的思想。蔡仪和李泽厚的美学理论，过多强调客观的、物质的、集体的、理性的自然或社会属性、规律，因此体现出对人道主义精神的漠视乃至压制。朱光潜则强调人的自由的、创造性的能力，重视主观的、有意识的、个体的、感性的人的活动，因此体现出对人道主义的认同和宣扬。而这又与他的理论来源、苏联美学家和美学理论中本来就有的人道主义观点，以及该期苏联去斯大林化运动中认可个人利益、价值和幸福的大环境是分不开的。

其二，在美学论文中译介马克思《手稿》等早期著作中关于人的本质和人性问题的观点。在人的本质、人性问题上，该期中国官方先将人性中的自然性、感性层面剥夺出去，再将其中的实践性剥夺出去，从而使人性成为社会关系的影子，乃至于等同于抽象的阶级性。而朱光潜则通过阐释《手稿》中对于人性的论述，揭示了人性概念在马克思那里具有的多种层面和性质，既有社会性、实践性、主客观统一性、历史发展性、自由性等理性层面，又有精神感觉、实践感觉（需要和愿望、情感和思想、美感）以及五官感觉（视觉、听觉、嗅觉、味觉、触觉）等感性层面，从而体现了马克思关于人的全面发展的理想。在当时的政治、意识形态语境下，他的这种姿态，某种程度上可以被看作对官方、主流路线的颠覆，以及对巴人、列斐伏尔等国内外的“修正主义”观点的支持、辩护和呼应。

其三，译介西方资产阶级艺术家、美学家关于人道主义的言论、观点，并在一定程度上对此给予肯定，同时论证马克思对德国古典美学家的人道主义思想的继承。尽管朱光潜和周辅成在编译《从文艺复兴到十九世纪资产阶级文学家艺术家有关人道主义人性论言论选辑》和《从文艺复兴到十九世纪资产阶级哲学家思想家有关人道主义人性论言论选辑》两书时的政治、意识形态语境、编译的目的和出版发行的过程极为相似，然而将两书的编者序言和按语进行细致比较的话，还是可以发现朱光潜相比周辅成，对资产阶级人道主义及其代表者的批判态度，无疑要轻微得多。这在根本上是由于两位编者本人对人道主义思想所持的态度不同。此外两书切入角度的不同，即分别从文学、艺术和从哲学、伦理着手，前者更加容易肯定人道主义精神，因为人道主义本来就是文艺、美学的思想核心。最后，通过肯定德国古典美学家如席勒等人的人道主义思想，并强调马克思对这种人道主义思想的继承，朱光潜论证了马克思主义美学的人道主义性。

本文致力于从当前研究中较少受到关注的几个方面，来对朱光潜于1949年至1966年期间的美学译介活动进行考察，希望能为当下的朱光潜研究、中国当代美学史和中国当代翻译史研究，提供一些新的视角、材料和观点。这一研究的意义显而易见，但局限和问题也不容忽视：比如朱光潜新中国成立前的美学思想，对其五六十年代美学理论的影响，没有得到充分的研究（当然，这也与本文主要是从翻译学角度切入有关）；在论述五六十年代的美学讨论时，没有提到早期还存在的以吕荧、高尔泰为代表的“主观派”，他们虽然理论深度有限，声音微弱且在政治打压下很快消失，但在中国当代美学史上依然占有不可忽视的地位（这一派在80年代又再度出现，并获得相当的认可）。

致谢

本书在笔者博士论文的基础上完成。近十年来美学史和翻译文学史研究进展迅速，本书已有一定的陈旧之感。不过就当时而言，毕竟还是耗费了不少汗水辛劳写就；用当下当代美学史和翻译文学史的标准来看，尚且没有说很多外行话。因此，不妨将该书作为自己先前研究的一个总结和纪念。

借该书出版之机，我要对博士论文写作期间的诸位师友表示感谢。

首先，我要感谢我的导师王友贵先生。我在广东外语外贸大学的五年中，跟着他读完了硕士和博士，从他那里学到很多东西，也得到了他大量的关心和帮助。就博士学业而言，当年王老师向校方特别申请，录取我为博士；在论文选题上，他建议我以 1949—1978 年的翻译家群体作为研究对象。在论文的修改过程中，大到章节内容、论文学科属性，小到字句、标点符号，他都给予了到位的意见和建议。就如何从事教学、研究工作而言，王老师在英国文学、文学翻译和中国翻译史方面的精深造诣，在教学和学生培养上严肃、负责的态度，在学术研究上严谨、执着的精神，以及对不同观点所持的谦虚、民主、包容的姿态，值得我一辈子来学习。总而言之，我的学业和论文的写成，离不开王老师的辛勤栽培。

其次，我要感谢指导过我的其他多位老师。王东风、冯之林、平洪、伍方斐和余东五位教授担任了我论文开题、预答辩和答辩会的评委，他们不但仔细阅读了我的博士论文，提出了大量中肯的意见和建议，还给我以很大的鼓励。此外，张保红教授多次在非正式场合，耐心地倾听我讲述自己的论文，给予我不少有用的建议，在此表示特别的感谢。

再次，我还要感谢我的同门师兄弟姐妹以及其他同学和朋友。刘文军师兄在学业规划、查找文献等方面，给我提供了不少有用的建议；在论文答辩的半年中，王之杰师弟和谢露洁师妹代我办理了包括打印、提交、寄送论文在内的大量烦琐事务；在几次答辩会中，胡正茂师兄、王海瑛师姐和曹山鹰师兄也帮过我不少忙；同学、室友赵华与我朝夕相处，无话不谈，帮我消解了很多精神压力；廖建乐师兄、王天天师姐和刘晓琴老师，都曾在生活、求职方面帮助过我。

此外，我更要感谢我的家人。从小到大，爸爸、妈妈、外婆、姐姐以及已过世的爷爷、奶奶，在我的学习、工作、生活各方面，提供了主要的支持，付出了极大的辛劳。妻子鞠花在我一无所有时嫁给我，在我无法照料她的情况下怀孕、生子，对此我要表示特别的感谢和歉意。儿子孔嘉的出生，则是博士论文写作尾期的亮点，给我莫大的鼓舞。

最后，我也要感谢毕业至今供职的上海海洋大学外国语学院和同济大学出版社，没有学院的鼓励和资助，没有戴如月、夏涵容、熊磊丽三名编辑的认真审校，也就不会有本书的出版。